만만하게 시작하는
왕초보 영어회화
| 기초편 |

만만하게 시작하는
왕초보 영어회화 기초편

2015년 9월 20일 1쇄 발행
2017년 1월 20일 3쇄 발행

지은이 이서영
발행인 손건
편집기획 김상배
마케팅 이언영
디자인 김선옥
제작 최승용
인쇄 선경프린테크

발행처 **LanCom** 랭컴
주소 서울시 영등포구 영신로 38길 17
등록번호 제 312-2006-00060호
전화 02) 2636-0895
팩스 02) 2636-0896
홈페이지 www.lancom.co.kr

ⓒ 이서영 2015
ISBN 978-89-98469-83-2 13740

이 책의 저작권은 저자에게 있습니다. 저자와 출판사의 허락없이
내용의 일부를 인용하거나 발췌하는 것을 금합니다.

기초 단어부터 실생활에 필요한 기본 회화 단숨에 따라잡기

만만하게 시작하는 왕초보 영어회화

이서영 지음

기초편

Preface

대부분의 사람들이 영어를 제대로 배우기도 전에 영어는 어렵다는 편견으로 쉽게 포기하는 경우가 많습니다. 하지만 어느 나라 말이든 말을 배운다는 것은 생각만큼 그렇게 어려운 일이 아닙니다. 우리가 어릴 때 우리말을 배우면서 특별히 어렵다고 느끼지 않았던 것처럼 영어도 마찬가지입니다. 다만 우리에게 익숙하지 않기에 어렵다고 느껴지는 것뿐입니다. 그 말에 관심을 갖고 자주 들어보고 직접 말해 보기 시작한다면 충분히 익힐 수가 있는 것입니다.

이 책은 영어에 관심은 있지만 영어가 어렵다고 느껴지거나, 회화에 자신이 없어 외국인과의 대화를 망설이시는 분, 영어회화를 처음 시작하는 분들을 위한 발음과 회화를 접목시킨 기초영어회화 교재입니다.

이 책으로 꾸준히 발음과 회화를 연습하여 독자 여러분의 영어회화 실력을 한 단계 업그레이드 시키는 데 조금이나마 도움이 되기를 희망합니다.

이 책의 특징

발음부터 확실하게!

우리가 일상생활에서 쉽게 접할 수 있는 단어와 예문을 중심으로 발음부터 다시 학습할 수 있도록 구성하였습니다. 영어 발음은 한번 굳어지면 고치기가 쉽지 않으므로 원어민 음성을 직접 들으면서 처음부터 올바른 발음을 익히도록 해야 합니다.

표현해설과 Basic Expressions

간단한 대화문과 그에 관련된 어법과 패턴 등의 해설을 통해 보다 쉽게 회화의 기본을 다질 수 있게 하였고, 각 Unit의 중심이 되는 내용들을 Basic Expressions로 정리하여 실용성을 높였습니다.

Column

언어의 진정한 의미와 사용법을 알기 위해서는 그 사회 배경을 아는 것이 큰 도움이 됩니다. Column을 통해 영어 사회의 문화 속에 살아 있는 생생한 말을 깊이 있게 공부할 수 있습니다.

원어민이 녹음한 MP3 파일

본문 전체를 원어민이 녹음한 mp3파일을 무료로 제공(www.lancom.co.kr)하므로 정확한 발음을 익힐 수 있습니다.

Contents

Part 01 발음 익히기

- 01 집안에서 쓰이는 단어로 발음 익히기 26
- 02 의복에 관련된 단어로 발음 익히기 34
- 03 식탁에서 쓰이는 단어로 발음 익히기 42
- 04 스포츠와 취미 단어로 발음 익히기 50
- 05 가족에 관련된 단어로 발음 익히기 58

Part 02 기본표현

- 01 일상적으로 인사할 때 68
- 02 첫 만남과 소개할 때 74
- 03 근황을 물을 때 80
- 04 말을 걸 때 86
- 05 허락을 요구할 때 92
- 06 부탁이나 요구할 때 98
- 07 다시 말해 달라고 할 때 104
- 08 감상을 물을 때 110
- 09 형편을 물을 때 116
- 10 기호와 취미를 물을 때 122

11   고마움을 나타낼 때 128

12   미안함을 나타낼 때 134

13   응답할 때 140

14   주변의 화제로 말을 걸 때 146

15   작별인사를 할 때 152

16   만나서 인사를 주고받을 때 158

17   간단한 의문을 나타낼 때 164

18   활기차게 대화할 때 170

19   날짜와 시간을 말할 때 176

20   장소를 말할 때 182

21   권유할 때 188

22   제안·조언할 때 194

23   찬성·반대할 때 200

24   화제를 바꿀 때 206

25   기쁨·만족을 나타낼 때 212

26   감동을 나타낼 때 218

27   도움이나 부탁을 청할 때 224

28   근심이나 걱정을 나타낼 때 230

29   맞장구에 관한 표현 236

30   빈도에 관한 표현 246

영어의 발음과 규칙

영어는 글이기 이전에 말입니다!

영어를 말로써 배우는 우리에게는 영미인의 발음을 알아들을 수 있는 능력 못지않게 영미인이 알아들을 수 있을 정도의 좋은 영어 발음을 갖추는 일이 중요합니다. 이 책에서는 학습자의 편의를 위해 가능한 원어민 수준의 발음을 한글로 표기하였습니다. 하지만 더 정확한 영어 발음을 위해서는 원어민의 발음을 따라 들으면서 회화 공부를 하는 것이 중요합니다.

1 알파벳 alphabet

알파벳(alphabet)이란 A에 해당되는 그리스어의 **alpha**와 B에 해당하는 **beta**의 앞 글자를 따서 이름 지은 것으로 영어의 a, b~z까지의 철자를 말한다.

영어 발음이 한글과 비슷한 것이 있어 보이겠지만, 실제 발음은 모두 다르다. 따라서 한글 발음과 같은 것은 단 하나도 없다고 단언할 수 있겠다.

V와 Z는 흔히 「브이」, 「젯트」로 발음하기 쉬우나 이것은 「영국식」이므로 미국식 영어에서는 각각 「뷔이」, 「즈~이」로 발음된다. 또한 과거에는 V가 U와 같은 발음이었으므로 W는 V 즉, U가 2개이므로 「더블류」로 불리게 되었다.

2 알파벳의 발음

A a 는 [아] [애] [오] [에이] [어] [이]로 발음된다. 즉, A는 영어의 거의 모든 모음을 포함한다고 할 수 있다. 우리말은 모음과 자음이 만나 소리를 낼 때 그 모음은 한 음가밖에 내지 못한다. 그러나 영어는 모음에 힘을 주느냐 안 주느냐에 따라 소리가 여러 가지로 다르게 난다.

B b 는 [ㅂ]으로 발음하며, 윗입술과 아랫입술을 붙였다 뗄 때 목을 울리며 내는 발음이다.

C c 는 [ㅅ], [ㅆ] 혹은 [ㅋ]으로 발음된다.

D d 는 [ㄷ]으로 발음하며 맨 끝에 올 때는 약하게 발음한다.

E e 는 [이] 혹은 [에]로 발음된다.

F f 는 [ㅍ]과 [ㅎ] 발음이 동시에 나는 파열음이다.

G g 는 [ㄱ] [ㅈ] [ㅉ] 발음이 된다.

H h 는 [ㅎ]에 가까운 발음이다.

I i 는 [아이] 혹은 [이]로 발음된다.

J j 는 [ㅈ] 발음이지만 G보다 강하다. 우리말의 [ㅈ]은 J를 발음하기에 약하다. 그래서 July는 [줄라이]가 아니라 [쥴라이] 발음인 것이다.

K k 는 [ㅋ]과 같은 발음이다.

L l 은 [을]로 시작한다. L은 혀끝을 윗니 안쪽에 붙였다가 뗄 때 나는 발음이다. N도 L과 발음을 내는 방법은 같지만, 혀끝을 붙이는 시간이 L보다 짧다.

M m 은 [ㅁ]과 같은 발음이다.

N n 은 [ㄴ]과 [응]으로 발음된다.

O o 는 [아] [오] [우] [오우]로 발음된다.

P p 는 [ㅍ]에 가까운 무성음이다. B와 마찬가지로 윗입술과 아랫입술을 붙였다가 뗄 때 내는 소리이다.

Q q 는 [ㅋ]에 가깝다. 그러므로 Q는 [쿠]로 시작된다.

R r 은 [(우)+ㄹ] 혹은 [어+ㄹ]로 발음한다.

S s 는 [ㅅ] [ㅆ] [ㅈ] [ㅉ] [슈] 등으로 발음된다. S 다음에 모음이 뒤따를 때에는 [ㅆ]이 된다. 그러나 S가 모음 사이에 끼거나 유성음 혹은 모음 뒤에 올 때에는 [ㅈ] 발음이 된다.

T t 는 [ㅌ] [ㅊ] [ㄷ] [ㄹ] 발음이 된다.

U u 는 [우] [어] [유] 발음이 된다.

V v 는 윗니와 아랫입술이 만나 [ㅂ]+[ㅎ] 발음을 낸다.

W w 발음은 [우]로 시작한다. (반모음)

X x 는 [ㅆ] [ㅈ] [그즈]로 발음된다.

Y y 는 [이]나 [아이] 발음이 된다. (반모음)

Z z 는 길고 떨리는 [ㅈ] 발음이다. 입모양은 S와 같고 목떨림소리(유성음)이다.

3 영어의 발음과 기호

(1) 모음 vowel

구분	a	e	i	o	u	ə	ʌ	ɔ	ɛ	æ
소리	아	에	이	오	우	어	어	오	에	애
기호	ㅏ	ㅔ	ㅣ	ㅗ	ㅜ	ㅓ	ㅓ	ㅗ	ㅔ	ㅐ

[a] 입을 크게 벌리고 우리말의 [아]가 아니라 목청이 떨리는 듯한 부드러운 굴절음 소리를 낸다.

[e] 입술을 옆으로 최대한 벌린 형태를 유지하면서 [에]의 굴절음 소리를 낸다.

[i] 입술을 옆으로 최대한 벌린 형태를 유지하면서 [이]의 굴절음 소리를 낸다.

[o] 입술을 동그랗게 만들어, 부드럽고 맑은 [오] 소리를 내면서 입안 전체가 울리는 것 같은 굴절음 소리를 낸다.

[u] 입술을 모아서 앞으로 내민 상태에서 [우-]의 소리가 울리면서 모아지는 굴절음 소리를 낸다.

[ɔ] 입술을 동그랗게 만들고, 부드럽고 맑은 [오] 소리보다 입술에 조금 더 힘을 주어서 [오]와 [아]의 중간인 굴절음 소리를 낸다.

[ʌ] 입술을 원형에 가까운 사각형 모양으로 벌리고, [ʌ]는 [어/아] 소리를 낸다.

[ɛ] [에] 소리가 불완전한 듯이 반탁음에 가까운 소리를 낸다.

[æ] 혀끝을 아래 이빨 안쪽에 내려 민 상태를 유지하면서 [애-] 소리를 길게 된소리 음으로 낸다.

(2) **자음** consonant

유성자음(16개)

구분	b	d	j	l	m	n	r	v
소리	브	드	이	러	므	느	르	브
기호	ㅂ	ㄷ	ㅣ	ㄹ	ㅁ	ㄴ	ㄹ	ㅂ

구분	z	ʤ	ʒ	tz	ð	h	g	ŋ
소리	즈	쥐	지	쯔	뜨	흐	그	응
기호	ㅈ	주	ㅈ	ㅉ	ㄸ	ㅎ	ㄱ	ㅇ

무성자음(10개)

구분	f	k	p	s	t	ʃ	ʧ	θ	t	ŋ
소리	프	크	퍼	스	트	쉬	취	쓰	츠	응
기호	ㅍ	ㅋ	ㅍ	ㅅ	ㅌ	수	추	ㅆ	ㅊ	ㅇ

[d] 혀를 윗니 안쪽에 대고 있다가 입술을 좌우로 벌리면서 혀를 윗니 안쪽에서 떼면서 짧게 내뱉듯이 [드] 소리를 낸다. 그러나 우리 동양인들은 영어권의 정상적인 혀를 붙이는 습관이 잘 안 되기 때문에 조금 더 강하게 혀를 문다. [d]는 혀의 끝에서 1㎜ 안쪽을 아래위 이로 문다.

[t] 혀끝을 윗니 끝에 대고 있다가 입술을 좌우로 벌리면서 혀를 윗니 끝에서 떼면서 짧게 내뱉듯이 [트] 소리를 낸다. 그러나 우리 동양인들은 영어권의 정상적인 혀 붙이는 습관이 잘 안 되기 때문에 조금 더 강하게 혀를 문다. [t]는 혀의 끝을 아래위 이로 문다.

[l] 혀끝으로 입천장을 누르면서 [러] 소리를 박차듯이 내는 순간 혀는 입안 중간에 위치하면서 경쾌하고 맑은 소리가 나온다.

[n] 윗니와 아랫니로 혀끝을 조금 물고 있다가 입술을 좌우로 벌리면서 물었던 혀를 떼면서 짧게 내뱉듯이 [느] 소리를 낸다. 그러나 우리 동양인들은 영어권의 정상적인 혀를 붙이는 습관이 잘 안 되기 때문에 조금 더 강하게 혀를 문다. [n]는 [d] 음보다 1㎜ 안쪽을 아래위 이로 문다.

[r] 혀를 말아 입안 중간에 띄우고 약하게 떨면서 맑지 못한 [르] 소리를 내면서 입술을 좌우로 벌리고 타원형에 가까운 모양을 낸다.

[f] 윗니로 아랫입술 안쪽을 물었다가 떼면서 약하게 [프] 소리처럼 내면서 입술은 좌우로 움직이는 형태가 된다.

[m] [b] [p] 입술을 다물었다가 급하게 옆으로 얇게 벌리면서 [m]은 [므], [b]는 [버], [p]는 [퍼] 소리가 입술 밖으로 퍼지듯이 소리를 짧게 낸다.

[k]   [g] [h] 아랫입술의 좌우를 아래쪽으로 끌어내리면서 최대한 사각형을 만든 상태에서 윗입술을 움직이지 않고 [k]는 [크], [g]는 [그], [h]는 [흐]처럼 된소리를 낸다.

[s]   [z] 입술을 옆으로 최대한 벌린 형태를 유지하면서 [s]는 [스], [z]는 [즈]의 굴절음 소리를 낸다.

[ʧ]   [ʤ] 입술을 모아서 앞으로 내민 상태에서 [ʧ]는 [츠], [ʤ]는 [즈]의 소리가 울리면서 모아지는 굴절음 소리를 낸다.

[ʃ]   입술을 모아서 앞으로 내민 상태에서 [쉬]의 소리가 울리면서 모아지는 굴절음 소리를 낸다.

[ʒ]   입술을 모아서 앞으로 내민 상태를 유지하고 [즈]의 소리가 울리면서 모아지는 굴절음 소리를 낸다.

[θ]   [ð] 윗니와 아랫니로 혀 중간까지 가볍게 물면서 빼냈다가 안쪽으로 들이밀면서 [θ]는 [쓰], [ð]는 [뜨] 소리를 둔탁한 느낌으로 낸다.

[ŋ]   입술을 가볍게 모아서 옆으로 벌리면서 [응]에 가까운 소리를 낸다.

4 영어의 악센트

누구나 「영어의 악센트(accent)는 항상 모음에 온다」는 사실을 알고 있을 것이다. 「모음(vowel sound)의 음운변화」에 의해 나타나는 리듬, 인토네이션, 음의 변화현상, 음의 축약현상에 유의하도록 한다.

- **내용어(강형)** : 명사, 동사, 형용사, 부사, 의문사, 수사, 감탄사 등
- **기능어(약형)** : be동사, 조동사, 전치사, 인칭 대명사, 관사, 접속사, 관계사 등

5 영어의 발음규칙

영어 발음은 크게 음의 변화 현상, 약음화 현상, 축약 현상으로 대별되는데 발음 규칙은 억양(인토네이션:intonation)에 의한 생동감 있는 리듬에 초점을 두어야 한다.

(1) 리듬

영어는 강약의 차이와 더불어 어휘를 서로 붙여 말하므로 영어 특유의 리듬이 생긴다.

He told me that there was an accident.
히 톨드 미 댓 데어뤄즈 언 액씨던트

(2) 인토네이션(억양)

영어는 인토네이션 언어라고 불리며, 한국어에는 없는 복잡한 인토네이션이 사용된다.

Yes.(↘) Yes.(↗) Yes.(↘↗)

Yes.(↗↘) *Ya!

No.(↘) No.(↗) No.(↘↗)

No.(↗↘) *Nope!

Please!(↘) Please!(↗)

Please!(↗↘) Please!(↘↗)

이러한 표현은 상황에 따라 달리 표현되며, 또한 억양에 의해 의미가 달라진다.

(3) 연음

단어가 서로 매끄럽게 연결되려는 현상이다.

Will you **top it up**? [타피럽]

(4) 동화

모음 사이에 자음이 올 경우 음이 달라지는 현상이다.

Nice to **meet you**. [미츄]

(5) 단축형

is, has, will, not 등이 다른 단어에 대하여 단축형이 되는 경우 음이 달라진다.

I knew **you'd** come. [유드]
  (you had / would)

(6) 파열음의 소실

파열음이 있어도 실제로는 파열이 일어나지 않는 경우가 있다.

They all **kept quiet**. [켑 콰이엇]

(7) **음의 탈락(축약/생략)**

모음이나 자음의 발음이 발음의 편리성에 의해 생략되거나 탈락하는 현상이 나타난다.

camera [캐머러] / next week [넥스웍]

(8) **자음의 중첩**

한국어와 달리 모음이 들가지 않고 자음만 연결되는 경우가 많다.

The child is clever.
더 촤일디즈 클레버

(9) **모음 · 자음의 발음**

구별하기 어려운 발음이 있다.

heart [하-ㄹ트] / hurt [허-ㄹ트]

bees [비즈] / beads [비(ㄷ)즈]

fly [플라이] / fry [프라이]

01 집안에서 쓰이는 단어로 발음 익히기

① **bed** 침대
② **book** 책
③ **chair** 의자
④ **clock** 시계
⑤ **desk** 책상
⑥ **light** 전등, 전기
⑦ **pen** 펜
⑧ **pencil** 연필
⑨ **piano** 피아노
⑩ **sofa** 소파
⑪ **table** 탁자
⑫ **TV** 텔레비전
⑬ **window** 창문
⑭ **closet** 옷장
⑮ **computer** 컴퓨터
⑯ **curtain** 커튼
⑰ **radio** 라디오
⑱ **stereo** 오디오
⑲ **stove** 난로

단어로 발음 연습해 보기

1 **bed** [bed 베드] **침대**　　　　　　　　　〈b의 발음〉

Is that your bed? → Yes, it is.
이즈 댓 유어ㄹ 베드　　　　예스 잇 이즈

저것은 당신의 침대입니까?
예, 그렇습니다.

「저것은 당신의 침대입니까?」는
Is that your bed?

2 **book** [buk 북] **책**　　　　　　　　　〈oo의 발음〉

Do you have any English books? → Yes, I do.
두 유 해브 애니 잉글리시 북스　　　　예스 아이 두

당신은 영어책을 가지고 있습니까?
예, 가지고 있습니다.

「당신은 영어책을 가지고 있습니까?」는
Do you have any English books?

27

3 **chair** [tʃɛər 체어ㄹ] 의자 〈ch의 발음〉

Whose chair is that? → It's my brother's.
후즈 체어ㄹ 이즈 댓   잇츠 마이 브러더ㄹ스

저것은 누구의 의자입니까?
형의 것입니다.

「저것은 누구의 의자입니까?」는
Whose chair is that?

4 **clock** [klɑk 클락] 시계 〈c의 발음〉

What's that? → It's a clock.
왓츠 댓   잇츠 어 클락

저것은 무엇입니까?
그것은 시계입니다.

「그것은 시계입니다.」는
It's a clock.

5 **desk** [desk 데스크] **책상** ⟨d의 발음⟩

Is this your desk? → No, it's not.
이즈 디스 유어ㄹ 데스크   노우 잇츠 낫

이것은 당신의 책상입니까?
아니오, 아닙니다.

「이것은 당신의 책상입니까?」는
Is this your desk?

6 **light** [lait 라이트] **전등, 전기** ⟨l의 발음⟩

Will you turn on the light? → Yes, I will.
윌 유 턴 안 더 라이트   예스 아이 윌

불을 켜 주시겠습니까?
예.

「불을 켜 주시겠습니까?」는
Will you turn on the light?

29

7 **pen** [pen 펜] 펜 ⟨e의 발음⟩

Will you lend me a pen? → Sure.
월 유 렌ㄷ 미 어 펜   슈어ㄹ

펜을 빌려 주시겠습니까?
예.

「펜을 빌려 주시겠습니까?」는
Will you lend me a pen?

8 **pencil** [pénsəl 펜설] 연필 ⟨n의 발음⟩

What's that? → It's a pencil.
왓츠 댓   잇츠 어 펜설

저것은 무엇입니까?
그것은 연필입니다.

「그것은 연필입니다.」는
It's a pencil.

9 **piano** [piǽnou 피애노우] **피아노** 〈p의 발음〉

Is this your piano? → Yes, it is.
이즈 디스 유어ㄹ 피애노우   예스 잇 이즈

이것은 당신의 피아노입니까?
예, 그렇습니다.

「이것은 당신의 피아노입니까?」는
Is this your piano?

10 **sofa** [sóufə 소우풔] **소파** 〈s의 발음〉

What's this? → It's a sofa.
왓츠 디스   잇츠 어 소우풔

이것은 무엇입니까?
그것은 소파입니다.

「그것은 소파입니다.」는
It's a sofa.

31

11 **table** [téibl 테이블] 탁자 ⟨a의 발음⟩

What's this? → It's a table.
왓츠 디스   잇츠 어 테이블

이것은 무엇입니까?
그것은 탁자입니다.

「그것은 탁자입니다.」는
It's a table.

12 **TV** [tíːvíː 티-비-] 텔레비전 ⟨t의 발음⟩

Is this your TV? → Yes, it is.
이즈 디스 유어ㄹ 티-비-   예스 잇 이즈

이것은 당신의 텔레비전입니까?
예, 그렇습니다.

「이것은 당신의 텔레비전입니까?」는
Is this your TV?

13 **window** [wíndou 윈도우] 창문 〈w의 발음〉

Will you open the window? → Yes, I will.
월 유 오픈 더 윈도우   예 스 아 이 윌

창문을 열어 주시겠습니까?
예.

「창문을 열어 주시겠습니까?」는
Will you open the window?

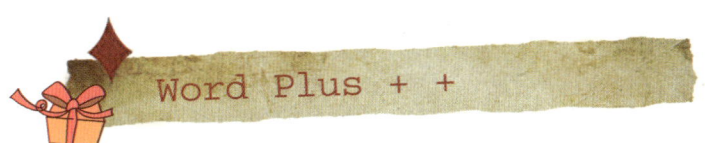

closet
[klázit 클라짓]
옷장

radio
[réidiòu 레이디오우]
라디오

computer
[kəmpjú:tər 컴퓨-터ㄹ]
컴퓨터

stereo
[stériòu 스테리오우]
오디오

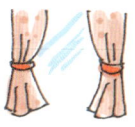
curtain
[kə́:rtn 커-ㄹ튼]
커튼

stove
[stouv 스토우브]
난로

33

의복에 관련된 단어로 발음 익히기

① **hairband** 헤어밴드 ② **belt** 벨트 ③ **brush** 솔 ④ **clothes** 옷
⑤ **coat** 코트 ⑥ **dress** 드레스 ⑦ **gloves** 장갑 ⑧ **hat** 모자
⑨ **jewel** 보석 ⑩ **shirt** 셔츠 ⑪ **skirt** 치마 ⑫ **vest** 조끼
⑬ **boots** 부츠 ⑭ **cap** 모자 ⑮ **handkerchief** 손수건
⑯ **necklace** 목걸이 ⑰ **shoes** 신발 ⑱ **socks** 양말 ⑲ **suit** 양복
⑳ **sweater** 스웨터 ㉑ **tie** 넥타이 ㉒ **trousers** 바지

단어로 발음 연습해 보기

1 **hair**band [hɛərbænd 헤어ㄹ밴ㄷ] **헤어밴드** ⟨b의 발음⟩

Where's my hairband? → It's on the table.
웨얼즈 마이 헤어ㄹ밴ㄷ   잇츠 안 더 테이블

내 헤어밴드는 어디 있습니까?
탁자 위에 있습니다.

「내 헤어밴드는 어디 있습니까?」는
Where's my hairband?

2 **b**elt [belt 벨트] **벨트** ⟨b의 발음⟩

What's that? → It's a belt.
왓츠 댓   잇츠 어 벨트

저것은 무엇입니까?
그것은 벨트입니다.

「그것은 벨트입니다.」는
It's a belt.

35

3 **brush** [brʌʃ 브러쉬] 솔 〈u의 발음〉

What's this? → It's a brush.
왓츠 디스   잇츠 어 브러쉬

이것은 무엇입니까?
그것은 솔입니다.

「그것은 솔입니다.」는
It's a brush.

4 **clothes** [klouz 클로우즈] 옷 〈th의 발음〉

Do you have a lot of clothes? → Yes, I do.
두 유 해버 랏 어브 클로우즈   예스 아이 두

당신은 옷을 많이 가지고 있습니까?
예.

「당신은 옷을 많이 가지고 있습니까?」는
Do you have a lot of clothes?

5 **coat** [kout 코우트] 코트   〈oa의 발음〉

Do you have a white coat? → Yes, I do.
두 유 해버 와잇 코우트   예스 아이 두

당신은 흰색 코트가 있습니까?
예.

「당신은 흰색 코트가 있습니까?」는
Do you have a white coat?

6 **dress** [dres 드레스] 드레스   〈d의 발음〉

Do you have a red dress? → No, I don't.
두 유 해버 뤠ㄷ 드레스   노우 아이 돈ㅌ

당신은 빨간 드레스가 있습니까?
아뇨.

「당신은 빨간 드레스가 있습니까?」는
Do you have a red dress?

7 **glove** [glʌv 글러브] 장갑 〈g의 발음〉

What's this? → It's a glove.
왓츠 디스　　　잇츠 어 글러브

이것은 무엇입니까?
그것은 장갑입니다.

「그것은 장갑입니다.」는
It's a glove.

8 **hat** [hæt 햇] 모자 〈테가 있는 것〉 〈h의 발음〉

Do you have a hat? → No, I don't.
두 유 해버 햇　　　　　노우 아이 돈트

당신은 모자가 있습니까?
아뇨.

「당신은 모자가 있습니까?」는
Do you have a hat?

9 **jewel** [dʒúːəl 주-얼] 보석　　　　　　　〈j의 발음〉

What's that? → It's a jewel.
왓츠 댓　　　　　　잇츠 어 주-얼

저것은 무엇입니까?
그것은 보석입니다.

「그것은 보석입니다.」는
It's a jewel.

10 **shirt** [ʃəːrt 셔-르트] 셔츠　　　　　　〈sh의 발음〉

Do you have a white shirt? → Yes, I do.
두 유 해버 와잇 셔-르트　　　　　　　　예스 아이 두

당신은 흰 셔츠가 있습니까?
예.

「당신은 흰 셔츠가 있습니까?」는
Do you have a white shirt?

39

11 skirt [skə:rt 스커-르트] **치마**　　　　　〈ir의 발음〉

Do you have a red skirt? → No, I don't.
두 유 해버 풰ㄷ 스커-르트　　　　노우 아이 돈ㅌ

당신은 빨간 치마가 있습니까?
아뇨.

「당신은 빨간 치마가 있습니까?」는
Do you have a red skirt?

12 vest [vest 베스트] **조끼**　　　　　〈v의 발음〉

What's this? → It's a vest.
왓츠 디스　　　잇츠 어 베스트

이것은 무엇입니까?
그것은 조끼입니다.

「그것은 조끼입니다.」는
It's a vest.

Word Plus + +

boots
[buːts 부-츠]
부츠

socks
[sɑks 삭스]
양말

cap
[kæp 캡]
모자 〈테가 없는 것〉

suit
[suːt 슈-트]
양복

handkerchief
[hǽŋkərtʃif 행커ㄹ취프]
손수건

sweater
[swétər 스웨터ㄹ]
스웨터

necklace
[néklis 넥클리스]
목걸이

tie
[tai 타이]
넥타이

shoes
[ʃuːz 슈-즈]
신발

trousers
[tráuzəːrz 트라우저-ㄹ즈]
바지

03 식탁에서 쓰이는 단어로 발음 익히기

① **beef** 쇠고기
② **cake** 케이크
③ **cheese** 치즈
④ **chicken** 닭고기
⑤ **dish** 접시
⑥ **fruit** 과일
⑦ **glass** 유리잔
⑧ **ice cream** 아이스크림
⑨ **milk** 우유
⑩ **pie** 파이
⑪ **rice** 밥
⑫ **spoon** 숟가락
⑬ **beer** 맥주
⑭ **coffee** 커피
⑮ **cup** 컵
⑯ **fork** 포크
⑰ **juice** 주스
⑱ **knife** 칼
⑲ **tea** 홍차
⑳ **vegetable** 야채
㉑ **water** 물
㉒ **wine** 포도주

단어로 발음 연습해 보기

1 **beef** [biːf 비-프] 쇠고기 〈ee의 발음〉

Do you like beef? → Yes, I do.
두 유 라익 비-프   예스 아이 두

당신은 쇠고기를 좋아합니까?
예.

「당신은 쇠고기를 좋아합니까?」는
Do you like beef?

2 **cake** [keik 케익] 케이크 〈c의 발음〉

What's that? → It's a cake.
왓츠 댓   잇츠 어 케익

저것은 무엇입니까?
그것은 케이크입니다.

「그것은 케이크입니다.」는
It's a cake.

43

3 **cheese** [tʃiːz 치-즈] **치즈** 〈ch의 발음〉

Do you like cheese? → No, I don't.
두 유 라익 치-즈   노우 아이 돈트

치즈를 좋아합니까?
아뇨.

「당신은 치즈를 좋아합니까?」는
Do you like cheese?

4 **chicken** [tʃíkin 치킨] **닭고기** 〈ch의 발음〉

What's this? → It's chicken.
왓츠 디스   잇츠 치킨

이것은 무엇입니까?
그것은 닭고기입니다.

「그것은 닭고기입니다.」는
It's chicken.

5 **dish** [diʃ 디쉬] 접시　　　　　　　　　〈i의 발음〉

Do you have a red dish? → No, I don't.
두 유 해버 뤠ㄷ 디쉬　　　　　노우 아이 돈ㅌ

당신은 붉은 접시가 있습니까?
아뇨.

「당신은 붉은 접시가 있습니까?」는
Do you have a red dish?

6 **fruit** [fruːt 프룻-] 과일　　　　　　　　〈f의 발음〉

Do you like fruit? → Yes, I do.
두 유 라익 프룻-　　　　　예스 아이 두

당신은 과일을 좋아합니까?
예.

「당신은 과일을 좋아합니까?」는
Do you like fruit?

7. **glass** [glæs 글래스] 유리잔 ⟨g의 발음⟩

Where's my glass? → It's on the table.
웨얼즈 마이 글래스   잇츠 안 더 테이블

내 잔은 어디에 있습니까?
탁자 위에 있습니다.

「내 잔은 어디에 있습니까?」는
Where's my glass?

8. **ice cream** [ais kri:m 아이스 크림-] 아이스크림 ⟨i의 발음⟩

Do you like ice cream? → Yes, I do.
두 유 라익 아이스 크림-   예스 아이 두

당신은 아이스크림을 좋아합니까?
예.

「당신은 아이스크림을 좋아합니까?」는
Do you like ice cream?

9 **milk** [milk 밀ㅋ] 우유　　　　　〈m의 발음〉

Do you like milk? → No, I don't.
두 유 라익 밀ㅋ　　　　　　노우 아이 돈ㅌ

당신은 우유를 좋아합니까?
아뇨.

「당신은 우유를 좋아합니까?」는
Do you like milk?

10 **pie** [pai 파이] 파이　　　　　〈ie의 발음〉

Do you like pie? → Yes, I do.
두 유 라익 파이　　　　　예스 아이 두

당신은 파이를 좋아합니까?
예.

「당신은 파이를 좋아합니까?」는
Do you like pie?

11 **rice** [rais 롸이스] 밥 〈r의 발음〉

Rice or bread? → Rice, please.
롸이스 오-ㄹ 브뤠ㄷ   롸이스 플리즈

밥입니까, 빵입니까?
밥을 부탁합니다.

「밥입니까, 빵입니까?」는
Rice or bread?

12 **spoon** [spu:n 스푼-] 숟가락 〈oo의 발음〉

Where's my spoon? → It's on the table.
웨얼즈 마이 스푼-   잇츠 안 더 테이블

내 숟가락은 어디 있습니까?
그것은 탁자 위에 있습니다.

「내 숟가락은 어디 있습니까?」는
Where's my spoon?

Word Plus + +

beer
[biər 비어r]
맥주

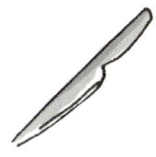
knife
[naif 나이프]
칼

coffee
[kɔ́:fi 커-피]
커피

tea
[ti: 티-]
홍차

cup
[kʌp 컵]
컵

vegetable
[védʒətəbəl 베저터블]
야채

fork
[fɔ:rk 포-ㄹ크]
포크

water
[wɔ́:tər 워-터r]
물

juice
[dʒu:s 주-스]
주스

wine
[wain 와인]
포도주

04. 스포츠와 취미 단어로 발음 익히기

① **baseball** 야구　② **basketball** 농구　③ **cooking** 요리
④ **fishing** 낚시　⑤ **American football** 미식축구　⑥ **golf** 골프
⑦ **marathon** 마라톤　⑧ **reading** 독서　⑨ **soccer** 축구
⑩ **surfing** 서핑　⑪ **tennis** 테니스　⑫ **white ball** 흰 공
⑬ **cycling** 자전거 경주　⑭ **scuba diving** 스쿠버 다이빙　⑮ **swimming** 수영
⑯ **volleyball** 배구　⑰ **wrestling** 레슬링

단어로 발음 연습해 보기

1 **baseball** [béisbɔ̀ːl 베이스볼-] 야구 ⟨a의 발음⟩

Do you like baseball? → Yes, I do.
두 유 라익 베이스볼-   예스 아이 두

야구를 좋아합니까?
예.

「야구를 좋아합니까?」는
Do you like baseball?

2 **basketball** [bǽskitbɔ̀ːl 배스킷볼-] 농구 ⟨a의 발음⟩

Do you play basketball? → No, I don't.
두 유 플레이 배스킷볼-   노우 아이 돈트

농구를 합니까?
아뇨.

「농구를 합니까?」는
Do you play basketball?

3 **cooking** [kúkiŋ 쿠킹] 요리 〈oo의 발음〉

Do you like cooking? → No, I don't.
두 유 라익 쿠킹 　　　　　　노우 아이 돈ㅌ

당신은 요리를 좋아합니까?
아뇨.

「당신은 요리를 좋아합니까?」는
Do you like cooking?

4 **fishing** [fíʃiŋ 퓌싱] 낚시 〈i의 발음〉

Do you like fishing? → Yes, I do.
두 유 라익 퓌싱 　　　　　　예스 아이 두

당신은 낚시를 좋아합니까?
예.

「당신은 낚시를 좋아합니까?」는
Do you like fishing?

5 **(American) football** 〈oo의 발음〉

[(əmérikən) fútbɔ̀:l (어메리컨) 풋볼-] **미식축구**

Do you play (American) football? → Yes, I do.
두 유 플레이 (어메리컨) 풋볼-　　　　　　　　예스 아이 두

당신은 미식축구를 합니까?
예.

「당신은 미식축구를 합니까?」는
Do you play (American) football?

6 **golf** [gɑlf 갈프] **골프** 〈o의 발음〉

Do you play golf? → Yes, I do.
두 유 플레이 갈프　　　　예스 아이 두

당신은 골프를 합니까?　예.

「당신은 골프를 합니까?」는
Do you play golf?

53

7 **marathon** [mǽrəθàn 매러썬] **마라톤**　　〈th의 발음〉

Do you like marathons? → No, I don't.
두 유 라익 매러썬즈　　　　　　노우 아이 돈ㅌ

당신은 마라톤을 좋아합니까?
아뇨.

「당신은 마라톤을 좋아합니까?」는
Do you like marathons?

8 **reading** [ríːdiŋ 리-딩] **독서**　　〈ea의 발음〉

Do you like reading? → Yes, I do.
두 유 라익 리-딩　　　　　예스 아이 두

당신은 독서를 좋아합니까?
예.

「당신은 독서를 좋아합니까?」는
Do you like reading?

9 **soccer** [sákər 싸커ㄹ] **축구** ⟨o의 발음⟩

Do you play soccer? → No, I don't.
두 유 플레이 싸커ㄹ　　　　노우 아이 돈ㅌ

당신은 축구를 합니까?
아뇨.

「당신은 축구를 합니까?」는
Do you play soccer?

10 **surfing** [sə́ːrfiŋ 써-ㄹ핑] **서핑** ⟨ng의 발음⟩

Do you like surfing? → Yes, I do.
두 유 라익 써-ㄹ핑　　　　예스 아이 두

당신은 서핑을 좋아합니까?
예.

「당신은 서핑을 좋아합니까?」는
Do you like surfing?

55

11 **tennis** [ténis 테니스] 테니스 ⟨e의 발음⟩

Do you play tennis? → No, I don't.
두 유 플레이 테니스　　　　　노우 아이 돈ㅌ

당신은 테니스를 합니까?
아뇨.

「당신은 테니스를 합니까?」는
Do you play tennis?

12 **white ball** [ʰwait bɔːl 와잇 볼-] 흰 공 ⟨wh의 발음⟩

Where's my white ball? → It's on the desk.
웨얼즈 마이 와잇 볼-　　　　잇츠 안 더 데스크

내 흰 공은 어디 있습니까?
그것은 책상 위에 있습니다.

「내 흰 공은 어디 있습니까?」는
Where's my white ball?

Word Plus + +

cycling
[sáikliŋ 싸이클링]
자전거 경주

scuba diving
[skjúːbə dáiviŋ 스쿠-버 다이빙]
스쿠버 다이빙

swimming
[swímiŋ 스위밍]
수영

volleyball
[válibɔ̀ːl 발리볼-]
배구

wrestling
[résliŋ 레슬링]
레슬링

05 가족에 관련된 단어로 발음 익히기

① **bird** 새
② **brother** 남자형제
③ **cat** 고양이
④ **child** 아이
⑤ **dog** 개
⑥ **father** 아버지
⑦ **grandmother** 할머니
⑧ **husband** 남편
⑨ **mother** 어머니
⑩ **sister** 여자형제
⑪ **uncle** 아저씨
⑫ **wife** 부인
⑬ **aunt** 아주머니
⑭ **children** 아이들
⑮ **cousin** 사촌
⑯ **daughter** 딸
⑰ **grandfather** 할아버지
⑱ **nephew** 조카
⑲ **niece** 조카딸
⑳ **son** 아들

단어로 발음 연습해 보기

1 **bird** [bəːrd 버-ㄹ드] 새   〈ir의 발음〉

Do you like birds? → Yes, I do.
두 유 라익 버-ㄹ즈   예스 아이 두

당신은 새를 좋아합니까?
예.

「당신은 새를 좋아합니까?」는
Do you like birds?

2 **brother** [brʌðər 브러더ㄹ] 남자형제   〈th의 발음〉

Is he your brother? → No, he isn't.
이즈 히 유어ㄹ 브러더ㄹ   노우 히 이즌ㅌ

그는 당신의 형[동생]입니까?
아뇨.

「그는 당신의 형[동생]입니까?」는
Is he your brother?

3 **cat** [kæt 캣] 고양이 〈a의 발음〉

What's that? → It's a cat.
왓츠 댓　　　　　잇츠 어 캣

저것은 무엇입니까?
그것은 고양이입니다.

「그것은 고양이입니다.」는
It's a cat.

4 **child** [tʃaild 촤일드] 아이(1명) 〈ch의 발음〉

Do you have a child? → Yes, I do.
두 유 해버 촤일드　　　　　예스 아이 두

당신은 아이가 있습니까?
예.

「당신은 아이가 있습니까?」는
Do you have a child?

5 **dog** [dɔ(ː)g 독] 개 〈o의 발음〉

Do you have a dog? → No, I don't.
두 유 해버 독　　　　　　노우 아이 돈ㅌ

당신은 개를 기릅니까?
아뇨.

「당신은 개를 기릅니까?」는
Do you have a dog?

6 **father** [fάːðər 퐈-더ㄹ] 아버지 〈a의 발음〉

Is he your father? → Yes, he is.
이즈 히 유어ㄹ 퐈-더ㄹ　　예스 히 이즈

그가 당신의 아버지입니까?
예.

「그가 당신의 아버지입니까?」는
Is he your father?

7 grandmother ⟨g의 발음⟩
[grǽndmʌ̀ðər 그랜드머더ㄹ]**할머니**

Is she your grandmother? → No, she isn't.
이즈 쉬 유어ㄹ 그랜드머더ㄹ　　　노우 쉬 이즌ㅌ

그녀가 당신의 할머니입니까?
아뇨.

「그녀가 당신의 할머니입니까?」는
Is she your grandmother?

8 husband [hʌ́zbənd 허즈번드] **남편** ⟨u의 발음⟩

Is he your husband? → No, he isn't.
이즈 히 유어ㄹ 허즈번드　　　노우 히 이즌ㅌ

그가 당신 남편입니까?
아뇨.

「그가 당신 남편입니까?」는
Is he your husband?

9 **mother** [mʌ́ðər 머더ㄹ] **어머니** ⟨o의 발음⟩

Where's your mother? → She's out.
웨얼즈 유어ㄹ 머더ㄹ   쉬즈 아웃

당신 어머니는 어디 계십니까?
그녀는 외출하셨습니다.

「당신 어머니는 어디 계십니까?」는
Where's your mother?

10 **sister** [sístər 시스터ㄹ] **여자형제** ⟨i의 발음⟩

Is she your sister? → Yes, she is.
이즈 쉬 유어ㄹ 시스터ㄹ   예스 쉬 이즈

그녀는 당신 여동생입니까?
예.

「그녀는 당신 여동생입니까?」는
Is she your sister?

11 uncle [ʌ́ŋkl 엉클] 아저씨   〈u의 발음〉

Is he your uncle? → No, he isn't.
이즈 히 유어ㄹ 엉클   노우 히 이즌ㅌ

그가 당신의 아저씨입니까?
아뇨.

「그가 당신의 아저씨입니까?」는
Is he your uncle?

12 wife [waif 와이ㅍ] 부인   〈w의 발음〉

Where's your wife? → She is in the kitchen.
웨얼즈 유어ㄹ 와이ㅍ   쉬 이즈 인 더 키친

당신의 부인은 어디 있습니까?
그녀는 부엌에 있습니다.

「당신의 부인은 어디 있습니까?」는
Where's your wife?

Word Plus + +

aunt
[ænt 앤트]
아주머니

grandfather
[grǽndfɑ:ðər 그랜드퐈-더리]
할아버지

children
[tʃíldrən 췰드런]
아이들

nephew
[néfju: 네퓨-]
조카

cousin
[kʌ́zn 커즌]
사촌

niece
[ni:s 니-스]
조카딸

daughter
[dɔ́:tər 도-터리]
딸

son
[sʌn 썬]
아들

01 일상적으로 인사할 때

How are you?
하우 아르 유

I'm fine, thank you, and how are you?
아임 퐈인 쌩큐 앤 하우 아르 유

동서양을 불문하고 모든 인간관계에서 인사는 매우 중요한 예절로 통합니다. 그러나 나라마다 인사법에 약간의 차이는 있습니다. 예를 들면, 우리가 일상적으로 아는 사람을 만났을 때 아무렇지 않게 사용하는 Where are you going?(어디 가십니까?)은 영어에서는 사생활을 간섭하는 듯한 질문이므로 쓰지 않는 것이 보통입니다. 또한 Why?(왜 거기에 갑니까?) 등으로 묻는 것도 무척 실례가 되는 말입니다.

Basic Expressions

♦ 안녕하세요, 잭. 〈아침 인사〉

Good morning, Jack.
굿 모르닝　　　　　　　잭

♦ 안녕하세요, 낸시. 〈점심 인사〉

Good afternoon, Nancy.
굿 애프터르눈　　　　　　낸시

♦ 안녕하세요, 김 선생님. 〈저녁 인사〉

Good evening, Mr. Kim.
굿 이브닝　　　　　미스터르 킴

♦ 안녕하세요, 화이트 부인. 오늘은 어떻습니까?

Good morning, Mrs. White. How are you today?
굿 모르닝　　　　미씨즈 와이트　하우 아르 유 터데이

♦ 좋습니다, 감사합니다. 이 선생님은 어떠세요?

Just fine, thank you, and how are you, Mr. Lee?
저스트 파인　쌩큐　　　앤 하우 아르 유　　미스터르 리

♦ 어떻게 지내세요?

How are you?
하우 아르 유

♦ 잘 지냅니다. 감사합니다. 당신은 어떠십니까?

I'm fine, thank you, and how are you?
아임 파인　　쌩큐　　　　앤 하우 아르 유

안녕하세요.〈아침 인사〉

Good morning.

A : Good morning.
 굿 모르닝
 안녕하세요.

B : Good morning.
 굿 모르닝
 안녕하세요.

A : I'd like to mail this letter to Denver.
 아이드 라익 투 메일 디스 레터르 투 덴버르
 이 편지를 덴버로 보내고 싶습니다.

B : All right.
 올 롸잇
 알겠습니다.

서양인은 서로 알든 모르든 만나면 자주 인사를 나눕니다. 상점의 점원이 말하는 Good morning.이나 Good afternoon.의 인사는 '어서 오십시오.'라는 의미입니다. Good morning.이나 Good evening.은 오전과 저녁에 만났을 때의 인사로, 보통 말끝을 내려서 말하고, 오전 중에는 Good morning. 오후부터 저녁까지는 Good afternoon. 저녁 이후는 Good evening.을 사용합니다. Good night.은 밤에 헤어질 때의 인사입니다.

안녕하세요.

Hi. / Hello.

A : Oh, Hello, Bonnie.
　　오우　헬로우　　보니
　　안녕하세요, 보니.

B : Hi, how are you?
　　하이　하우 아ㄹ 유
　　안녕하세요, 잘 지내세요?

A : I'm fine. And you?
　　아임 퐈인　　앤 유
　　좋아요. 당신은 어떠세요?

Hi.와 Hello.는 일상의 인사로 자주 쓰이고 있습니다. Hi.보다 Hello.가 약간 정중한 표현으로 처음 만나는 사람이나 알고 지내온 사람에게 가볍게 할 수 있는 인사입니다. 또한 Hi there.와 Hello there.는 '안녕하세요.'라는 가벼운 인사로, 이때의 there에 특별한 의미는 없습니다. Hello.는 전화통화에서 '여보세요.'라는 의미로 쓰입니다.

회화에 꼭 필요한 표현

- **Go ahead.** 먼저 하세요.
  고우 어헤드

- **After you.** 먼저 하세요.
  애프터ㄹ 유

- **Ladies first.** 여자분 먼저.
  레이디즈 풔ㄹ스트

- **Bless you.** 몸조심하세요. 〈상대가 재채기를 했을 때〉
  블레스 유

- **Excuse me.** 실례하겠습니다. 〈다른 사람 앞을 지나갈 때〉
  익스큐즈 미

- **I'll get off.** 내리겠습니다. 〈엘리베이터 등에서〉
  아윌 겟 어ㅍ

Go ahead.와 After you.는 같은 의미로 쓰입니다. 전화 교환원이 말하는 Go ahead.는 '통화하세요.'라는 의미입니다. 재채기를 한 상대에게 Bless you.라고 하는 것은 God bless you.의 God이 생략된 형태입니다.

이름과 성

• 성

last name
영어권에서는 보통 성이 뒤에 오기 때문

family name
가족의 이름이라는 의미로 글자 그대로 성

surname
거주지, 직업, 개인적인 특징에서 성이 붙여지기 때문

• 이름

first name
last name에 대해서

이외에 세례명(Christian name 또는 given name), 중간 이름(middle name) 등이 있습니다. 영어권에서는 서로 이름을 부르는 것이 친밀감이 있다고 생각합니다. 따라서 언제나 성을 부르는 것은 서먹서먹하다고 받아들입니다. 미국에서는 두세 번 만나고 나선 Please call me ~.나 May I call you ~?라고 하고 이름을 부르는 사이로 발전합니다.

02 첫 만남과 소개할 때

외국인과 처음 만나 인사를 나눌 때는 How do you do?(처음 뵙겠습니다.)라고 말하고, 이에 대한 대답도 How do you do?라고 합니다. 이어서 Nice to meet you.(만나서 반갑습니다.)라고 하면 간단한 초면 인사는 끝나는 셈입니다. 만일 처음 만났더라도 허물없는 분위기라면 Hello, nice to meet you. / I'm glad[pleased] to meet you.(만나서 반갑습니다.)라는 정도로서 금방 아는 사이가 됩니다.

Basic Expressions

◆ 처음 뵙겠습니다.

How do you do?
하 우 두 유 두

◆ 만나서 반갑습니다.

Nice to meet you.
나이스 투 밋 츄

◆ 알게 되어 기쁩니다.

I'm glad to know you.
아임 글래 투 노우 유

◆ 만나 뵙게 되어 영광입니다.

I'm honored to meet you.
아임 아너ㄹ드 투 밋 츄

◆ 제 소개를 할까요?

May I introduce myself?
메아이 인트러듀스 마이셀ㅍ

◆ 미스터 박입니다. 잘 부탁합니다.

I'm Mr. Park at your service.
아임 미스터ㄹ 팍 앳 유어ㄹ 써ㄹ비스

◆ 저는 한국의 서울에서 왔습니다.

I'm from Seoul, Korea.
아임 프럼 서울   커리-어

친한 사이에서의 소개

This is ~.

A : I want to introduce someone to you.
아이 원 투 인트러듀스 썸원 투 유
소개하고 싶은 사람이 있어요.

This is Ms. Lee.
디스 이즈 미즈 리
이쪽은 이 선생님입니다.

사람을 소개할 때의 표현입니다. 친한 사이에서는 This is ~.를 씁니다. 소개받은 사람은 '안녕하세요, 이 선생님.'이라고 대답하면 됩니다.

A : I want you to meet someone.
소개하고 싶은 사람이 있어요.

This is Mr. Kim.
이쪽은 미스터 김입니다.

B : I'm Kim Namsu.
김남수입니다.

But just call me Namsu.
남수라고 불러주세요.

What should I call you?
당신을 뭐라고 부르면 좋겠어요?

공식적인 소개

I'll introduce you to ~.

A : I'll introduce Mr. Brady to you.
아월 인트러듀스 미스터ㄹ 브래디 투 유
브래디 씨를 소개하겠습니다.

Mr. Brady, I'd like you to meet Miss Kim just from Korea.
미스터ㄹ 브래디 아이드 라익 유 투 밋 미스 킴 저슷 프럼 커리-어
브래디 씨, 이쪽은 방금 한국에서 막 도착한 미스 김입니다.

B : Nice to meet you.
나이스 투 미츄
만나서 반갑습니다.

A : Nice to meet you, too.
나이스 투 미츄   투
저도 만나서 반갑습니다.

I'll introduce ~ to you.는 '내가 당신에게 ~을 소개하겠습니다.' 라는 의미로 소개할 사람을 ~에 넣어서 사용하면 됩니다. meet 은 '만나다'라는 의미로 처음 만난 사람에게만 사용합니다. 이에 비해서 see는 안면이 있는 사람을 만났을 때에도 쓸 수 있습니다. Nice to see you.는 How nice to see you.의 줄임말입니다. Nice to meet you. 대신에 How do you do?라고 해도 좋습니다.

자기소개

I'm ~. / My name's ~.

A : Hello. My name's Hunt.
헬로우   마이 네임 이즈 헌트
안녕하세요. 헌트입니다.

Edward Hunt.
에드워ㄹ드 헌트
에드워드 헌트입니다.

자기가 누구인지를 말할 때는 I'm ~.이나 My name's ~.(My name is의 축약)의 표현을 쓰지만 실제로는 My name is ~.를 많이 씁니다. 정중히 말하려면 Let me introduce myself.(저를 소개하겠습니다.)라는 표현도 쓸 수 있습니다. 자기를 소개할 때에는 성과 이름을 모두 알려 주며 직업, 출신지 등을 덧붙이면 더욱 좋습니다.

· I'm Lee Dongwoo from ABC Inc.
ABC 사의 이동우입니다.

실제 회화에서는 from을 생략해서 다음과 같이 말합니다.

· I'm Lee Dongwoo, ABC Inc.

Column

🏷️ 소개의 규칙

(1) 여성과 남성이 있는 경우 남성에게 여성을 먼저 소개합니다.

(2) 연하인 사람을 연상의 사람에게 먼저 소개합니다.

(3) 사회적 지위를 고려할 때 지위가 낮은 사람을 높은 사람에게 먼저 소개합니다.

🏷️ 인사

인사와 함께 악수를 할 경우가 많습니다. 악수에도 매너가 있습니다. 우선 왼손으로 악수를 해서는 절대 안 되며, 또한 손은 부드럽게, 너무 약하면 친근감이 약해 보이고 너무 강하면 장난한다고 생각할 지도 모르므로 주의해야 합니다.

소중한 사람과의 악수는 두 손으로 하면 친근감을 더욱 느끼게 합니다.

악수는 인사할 때뿐만 아니라 거래나 계약이 성립되었을 때에도 합니다. 다이아몬드 중개인들 사이에서는 계약서를 교환하지 않고 악수로 대신한다고 합니다.

03 근황을 물을 때

Not bad.
낫 배드

How are you doing?
하우 아르 유 두잉

회화의 기본은 인사를 나누는 것입니다. 시간과 장소에 구애받지 않고 할 수 있는 인사는 Hi. / Hello. 등이 있으며, 간단한 인사 후에는 근황에 대해 묻습니다. How are you? / How are you doing? 이라고 근황을 묻고 이에 대해 자신의 기분 상태나 컨디션에 따라 Great. / Fine. / So so. / Not bad. 등으로 대답합니다.

Basic Expressions

♦ 잘 있었니!

Hi, there!
하이 데어ㄹ

♦ 어떻게 지내세요?

How are you doing?
하우 아ㄹ 유 두잉

♦ 별일 없으세요?

Anything new?
애니씽 뉴

♦ 오늘은 좀 어떠세요?

How do you feel today?
하우 두 유 필 터데이

♦ 어떻게 지내셨어요?

How have you been doing?
하우 해뷰 빈 두잉

♦ 덕분에 잘 지냅니다. 당신은 어떠세요?

I'm fine, thank you. And you?
아임 퐈인 쌩큐   앤유

♦ 저도 덕분에 잘 지냅니다.

I'm fine, too. Thank you.
아임 퐈인   투   쌩큐

다시 만나서 반갑습니다.

It's good to see you again.

A : Hello, Jane, It's good to see you again.
　　　헬로우　　제인　　잇츠 굿 투 씨 유 어겐
　　안녕하세요. 제인, 다시 만나서 기뻐요.

B : Glad to see you, too.
　　글래 투 씨 유　　　　투
　　저도 반가워요.

'다시 만나서 반갑다.'라는 인사에는 이와 같이 see를 씁니다. see는 처음 만나는 사람에게도 쓸 수 있습니다. 이에 비해서 meet은 처음 만나는 경우에만 사용합니다. '다시 만났다'라는 의미인 see you again이라는 표현은 매우 영어다운 표현입니다. 이외에도 (How) Nice to see you again. / (I'm) Glad to see you again. / I'm happy to see you. 등 만나서 반갑다라는 표현이 있습니다. 아는 사람을 만났을 때의 인사로는 Hello.를 주로 씁니다. 이때 Good morning. 또는 Good afternoon. 같은 인사를 하면 부자연스러울 수도 있습니다.

오랜만이다.

It's been a long time.

A : It's been a long time.
잇츠 빈 어 롱 타임
오랜만이군요.

B : Yes, I haven't seen you for ages.
예스 아이 해븐 씬 유 풔ㄹ 에이쥐스
그래요. 정말 오랜만이군요.

A : How long has it been since we met last?
하우 롱 해즈 잇 빈 씬스 위 멧 래스트
만난 지 얼마나 됐죠?

'오랜만이다.'는 It's[It has] been a long time.을 씁니다. 이것은 뒤에 since I saw you를 붙여서 It's been a long time since I saw you.라고도 합니다.

현재형으로 It's a long time.으로 간단히 사용하는 것도 틀리다고는 할 수 없지만 그보다는 현재완료형을 쓰면 '오래간만이다.'라는 느낌이 강해지므로 일상회화에서는 현재완료형으로 자주 씁니다. 이외에도 Long time, no see. 등도 자주 쓰이는 인사입니다.

어떻게 지내십니까?

How are you?

A : Hello, Sam. How are you today?
헬로우 쌤 하우 아ㄹ 유 터데이
안녕, 샘. 오늘 어떠니?

B : Hi, Charley. I'm fine. And you?
하이 찰리 아임 퐈인 앤유
안녕, 찰리. 좋아. 너는?

A : Great.
그뤠잇
아주 좋아.

상대의 안부를 묻는 인사가 How are you?입니다. 이것은 아무 때나 쓸 수 있는 인사입니다. 이외에도 How are you doing?이나 How is everything?도 위와 같은 의미로 사용할 수 있는 표현입니다. 대답은 I'm fine.이 보통입니다. Great. (아주 좋아.) / So so fine. (그냥 괜찮아.) 등도 알아둡시다. And you? / What about you? / How about you? 등으로 상대방에게 되묻는 것도 잊지 마세요.

영어의 어원

영어도 우리말과 같이 「원어」와 「외래어」로 구성된 언어입니다. 원어는 앵글로색슨 민족인 독일어계의 Old English입니다. 연구에 의하면 원어는 영어의 20%에 불과하다고 합니다. 이 원어를 제외한 나머지는 프랑스어, 라틴어로 되어 있습니다.

(1) 게르만계 (22%)

옛날영어	house, bread, hall, hand, fish, do, have, go, eat
옛날북구영어	egg, leg, husband, sky, skin, get, take, want, same, weak

(2) 라틴계 (50%)

옛날프랑스어	government, judge, people, dress, button, beauty
라틴어	compute, secure, fragile, legitimate, abbreviate

(3) 그리스계 (13%)

drama, theater, scene, tragedy, period, comma, logic, energy, system

(4) 기타 (15%)

이태리어	opera, piano, camera
아라비아어	alcohol, lemon, coffee

말을 걸 때

상대방과 대화를 나누고 싶다는 자신의 의사를 밝힐 경우에는 Can I have a word with you?(이야기 좀 할 수 있을까요?)라고 하고, 특정인과의 대화를 위해서 끼어든 경우에는 May I interrupt you?(말씀 중에 잠깐 실례를 해도 될까요?)라고 표현합니다. 또한 말문을 자연스럽게 트기 위해서는 공통의 화제로 상대의 주의를 끌도록 합시다. Nice day, isn't it?(날씨가 좋죠?)처럼 날씨부터 시작하는 것이 가장 무난합니다.

Basic Expressions

◆ 실례합니다만 ….

Excuse me, but ….
익스큐즈 미   벗

◆ 이야기 좀 할 수 있을까요?

Can I have a word with you?
캔 아이 해버 워ㄹ드 위듀

◆ 말씀드릴 게 좀 있습니다.

I need to tell you something.
아이 니투 텔 유 썸씽

◆ 잠깐 이야기를 나누고 싶은데요.

I'd like to have a word with you.
아이드 라익 투 해버 워ㄹ드 위듀

◆ 여기는 처음이십니까?

Are you new here?
아ㄹ 유 뉴 히어ㄹ

◆ 영어로 말할 줄 아세요?

Do you speak English?
두 유 스픽 잉글리쉬

◆ 무슨 말을 하고 싶으신 거죠?

What would you like to say?
왓 우쥬 라익 투 쎄이

잠깐 실례하겠습니다.

Excuse me. / Pardon me.

〈앞에 사람이 있어서 엘리베이터에서 내릴 수 없는 A 씨〉

A : Excuse me.
익스큐즈 미
실례합니다.

B : Oh, excuse me. I'll hold it. Please go ahead.
오우 익스큐즈 미   아윌 호울드 잇 플리즈 고우 어헤드
아, 실례했습니다. 제가 누르지요. 지나가세요.

A : Thank you.
쌩큐
감사합니다.

모르는 사람에게 말을 걸 때에는 「잠깐 실례하겠습니다.」라는 의미로 Excuse me.나 Pardon me.를 사용합니다. 상대방의 성별이나 연령에 관계없이 사용할 수 있는 표현입니다. 여성이라면 Miss?, 남성이라면 Sir?나 Mr.?로 불러도 됩니다. 당연히 Miss는 미혼 여성에게 사용하므로 미혼인지 기혼인지를 모를 경우에는 Ms.나 Ma'am을 사용하는 것이 좋습니다. 서로 친한 사이라면 Hey!를 사용할 수도 있지만 처음 보는 사람에겐 무례하게 느껴질 수도 있으므로 사용하지 않는 것이 좋습니다.

~씨입니까?

Are you ~?

A : Excuse me, but are you Mr. Lee?
익스큐즈 미　　　벗 아ㄹ 유 미스터ㄹ 리
실례지만, 이 선생님입니까?

B : Yes, I am.
예스　아이 앰
예, 그렇습니다.

A : I'm Bob Anderson. Mr. Simpson sent me to pick you up.
아임 밥 앤더ㄹ슨　　　　미스터ㄹ 심슨 센트 미 투 픽 유 업
밥 앤더슨입니다. 심슨 씨 부탁으로 마중 나왔습니다.

B : Thank you.
쌩큐
감사합니다.

우리말도 「실례지만, ….」이라고 하듯이 영어도 Excuse me, but ~.이라고 but을 붙여서 표현할 수 있습니다.

~씨 아닙니까?

You are not ~?

A : Excuse me, but you are not the man sent to repair the copier?
익스큐즈 미 벗 유 아ㄹ 낫 더 맨 센투 리페어ㄹ 더 카피어ㄹ
실례지만, 복사기를 수리하러 온 분이 아닙니까?

B : No, I think you have made a mistake.
노우 아이 씽큐 해브 메이드 어 미스테이크
아뇨, 잘못 아신 것 같습니다.

A : Sorry.
쏘리
실례했습니다.

B : Not at all.
나래롤
천만에요.

「~씨 아닙니까? / ~씨 아닌지요?」라고 자신 없이 상대에게 말을 거는 경우에 You are not ~?을 씁니다. 이 경우는 단축형을 쓰지 않습니다. 이와는 반대로 상대가 틀림없다고 확신하고 있을 때는 You must be ~.를 씁니다.

    A : You must be Mr. Kim.   김 선생님이지요.
    B : Yes, that's right.   예, 맞습니다.

영어의 역사

영어는 시대에 따라 변화하고 있습니다. 유행어가 생기기도 하고 말 자체가 변하기도 하는 것은 우리말과 같습니다. 14세기까지의 영어는 현재의 영어와는 매우 달라서 학자가 아닌 다음에는 현재의 영미인도 이해할 수 없습니다.

17세기가 되어 영국이 북미에 개척지를 만들기 시작했을 당시의 영어는 대략 지금의 영어와 비슷해졌습니다. 셰익스피어의 작품은 이 시기에 해당됩니다. 이 때에 쓰인 성서의 예를 보면 다음과 같습니다.

Our Father who art in heaven, hollowed be thy name.

이것을 현대영어로 고치면 다음과 같습니다.

Our God who is in heaven, holy is your name.

17세기부터 현재까지는 미국 영어와 영국 영어는 다른 방향으로 발전해 왔습니다. 토마스 제퍼슨이나 벤자민 프랭클린 등은 미국 영어를 강하게 주장했습니다. 영국 영어에는 없는 단어(calculate나 belittle 등)를 만들고 영국 영어와는 다른 스펠링(honour가 honor, theatre가 theater)을 만들어 냈습니다.

또한 1828년에는 웹스터가 획기적인 사전「An American Dictionary of the English Language」를 발행했습니다. 그때까지 미국 국민이 사용하고 있던 것은 영국 영어 사전이었습니다. 영국 영어에는 없는 말, 발음, 스펠링을 개재한 이 사전은 마치 미국 영어가 영국 영어에 대해 독립을 선언한 것이라고 할 수 있습니다.

05 허락을 요구할 때

Can I take one?
캔 아이 테익 원

상대방에게 뭔가에 대해서 허락을 구할 때 기본적으로 쓰이는 문형은 Can I ~? / May I ~?(~해도 돼요?)입니다. 또한 정중하게 무엇인가를 의뢰하거나 허락을 구하는 표현인 Would[Do] you mind ~?(~해도 되겠습니까?) 구문은 형태는 긍정의문문이지만, 대답할 때는 부정의문문과 같이 합니다. 그 이유는 mind가 '꺼리다, 싫어하다' 라는 부정적인 의미를 갖고 있기 때문입니다.

Basic Expressions

♦ 하나 가져가도 돼요?

Can I take one?
캔 아이 테익 원

♦ 들어가도 돼요?

May I come in?
메아이 컴 인

♦ 잠시 실례해도 되겠습니까?

May I be excused for a moment?
메아이 비 익스큐즈드 풔러 모우먼ㅌ

♦ 여기에 잠시 주차해도 되겠습니까?

May I park here for a moment?
메아이 파ㄹ크 히어ㄹ 풔러 모우먼ㅌ

♦ 전화번호 좀 주시겠어요?

Can I have your phone number?
캔 아이 해뷰어ㄹ 포운 넘버ㄹ

♦ 예, 그렇게 해도 됩니다.

Yes, you may.
예스   유 메이

♦ 문제없습니다.

No problem.
노우 프라블럼

93

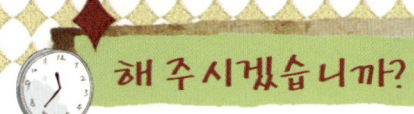 해 주시겠습니까?

May I ~?

A : May I have another glass of water, please?
메아이 해브 어너더ㄹ 글래스 어ㅂ 워러ㄹ   플리즈
물 한 잔 더 주시겠습니까?

B : Sure. Here you go.
슈어ㄹ   히어ㄹ 유 고우
예. 여기 있습니다.

may에는 허가의 의미가 있어서 정중히 허가를 구하는 표현을 할 수 있습니다. 엄밀히 말하면 May I ~?는 손아랫사람이 손윗사람에게 허가를 요청하는 의미입니다. 대답할 때도 Yes, you may. 라고 대답하면 손윗사람이 손아랫사람에게 허가하는 의미가 될 수 있으므로 보통은 Yes, please do.나 Yes, you can. 등으로 may를 사용하지 않고 대답합니다.

· May I use this telephone?
이 전화를 사용해도 됩니까?

· May I have your attention, please?
알려드립니다. 〈건물 내 방송〉

~해도 됩니까?

Can I ~?

A : **Can I park here?** 여기에 주차해도 됩니까?
캔 아이 파ㄹ크 히어ㄹ

B : **I don't think you should.**
아이 돈 씽큐 슈드
하지 않는 게 좋겠습니다.

A : **Is there a parking lot around here?**
이즈 데어ㄹ 어 파ㄹ킹 랏 어롸운드 히어ㄹ
이 근처에 주차장은 있습니까?

B : **There is one at the park.** 공원에 있습니다.
데어ㄹ 이즈 원 앳 더 파ㄹ크

Can I ~?도 허가를 구하는 표현입니다. can의 과거형인 could를 사용하면 정중한 표현이 됩니다. (과거를 나타내는 could이지만 의미는 현재입니다.)

- **Could I use the lady's room?**
  (여성용) 화장실을 사용해도 됩니까?

can, could를 사용한 허가를 구하는 표현을 몇 가지 알아둡시다.

- **Do you think I could try that suit on?**
  저 옷을 입어 봐도 됩니까?

- **I wonder if I could open the window.**
  창문을 열어도 됩니까?

~해도 상관없습니까?

Do you mind if ~?

A : Excuse me, is this seat taken?
익스큐즈 미   이즈 디스 씻 테이큰
실례지만, 이 자리는 주인이 있습니까?

B : No, I don't think so.
노우   아이 돈 씽크 쏘우
아뇨, 없는 것 같습니다.

A : Do you mind if I sit here?
두 유 마인 이프 아이 씻 히어ㄹ
여기에 앉아도 됩니까?

B : No, not at all.
노우   나래롤
그러세요.

Do you mind if ~?는 「~해도 상관없습니까?」라는 표현입니다. if 뒤에는 문장이 오며, 친근한 사이에서는 do you를 생략하고 Mind if ~?라고만 해도 좋습니다. Would you mind ~?도 같은 의미로 더욱 정중한 표현이 됩니다. 대답은 허락하는 경우는 No, 허락하지 않는 경우는 Yes가 되므로 우리나라 사람들은 혼동하기 쉽습니다. 문법적으로 바르다고 할 수는 없지만 허락하는 경우 Yes, certainly.나 Sure. 또는 Surely.라고 할 수도 있습니다.

 미국영어와 영국영어

(1) 스펠링이 다른 예

영국	미국	의미
colour	color	색
flavour	flavor	맛
favourite	favorite	가장 좋아하는
centre	center	중앙
tyre	tire	타이어

(2) 단어가 다른 예

영국	미국	의미
crisps	potato chips	포테이토 칩
chips	french fries	프렌치 프라이
petrol	gas / gasoline	가솔린
lift	elevator	엘리베이터
rubbish	garbage	쓰레기

(3) 악센트 위치가 다른 예

- advertisement : 영국영어는 ver에, 미국영어는 tise에 악센트
- garage : 영국영어는 ga에, 미국영어는 ra에 악센트
- magazine : 영국영어는 zine에, 미국영어는 ma에 악센트

06 부탁이나 요구할 때

Can I ask you a favor?
캔 아이 애스큐어 풰이버ㄹ

Certainly. What is it?
써ㄹ튼리 왓 이짓

우리는 뭔가를 부탁하거나 요구할 때 상대방의 입장을 고려하여 망설이는 경우가 많지만, 서구인은 분명하게 부탁을 하거나 도움을 청합니다. 부탁할 때는 「Please + 명령문」을 사용하여 말하면 간단하고 정중한 부탁의 표현이 됩니다. 또한 Could you ~? / Would you ~?(~해 주시겠어요?)를 첫머리에 붙여서 사용하면 더욱 정중한 표현이 됩니다. 친구 사이라면 가볍게 Will you ~?(~해 줄래?) 라고 합니다.

Basic Expressions

◆ 부탁 하나 해도 될까요?

Can I ask you a favor?
캔 아이 애스큐어 풰이버ㄹ

◆ 실례합니다. 부탁 하나 들어 주시겠어요?

Excuse me. Would you do me a favor?
익스큐즈 미　　　우쥬 두 미 어 풰이버ㄹ

◆ 제가 좀 끼어도 될까요?

May I join you?
메아이 조인 유

◆ 저와 함께 가실래요?

Would you like to join me?
우쥬 라익 투 조인 미

◆ 잠시 기다려요.

Just a moment, please.
저스터 모우먼ㅌ　　　　플리즈

◆ 물론이죠.

Sure.
슈어ㄹ

◆ 기꺼이 그러죠.

I'd be glad to.
아이드 비 글래 투

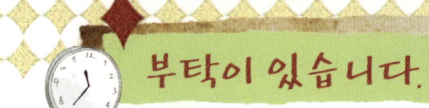
부탁이 있습니다.

Will you do me a favor?

A : Mr. White? Will you do me a favor?
미스터ㄹ 와이트   윌 유 두 미 어 풰이버ㄹ
화이트 씨, 부탁이 있습니다.

B : Certainly. What is it?
써ㄹ튼리   왓 이짓
예. 뭐죠?

A : I'm planning to go to Boston. I'd like to know about it.
아임 플래닝 투 고우 투 보스턴   아이드 라익 투 노우 어바웃 잇
보스턴에 가려는데 여러 가지 알고 싶습니다.

favor는「대가를 기대하지 않는 친절한 행위」를 의미하는 말입니다. will을 과거형 would로 하면 더욱 정중한 표현이 됩니다.

- Would you do a small favor for me, please?
  좀 부탁드릴 것이 있습니다만. 괜찮겠습니까?

May[Can / Could] I ask you a favor?도 같은 의미로 사용됩니다.

- May I ask you a favor? I'll be finished in one minute.
  부탁이 있습니다. 잠깐이면 됩니다.

친한 사이에서는 Jim, I have a favor to ask you.(짐, 부탁이 있어.)라고 해도 좋습니다.

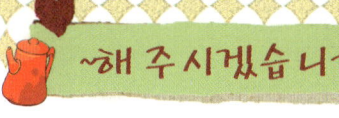
~해 주시겠습니까?

Can you ~? / Will you ~?

A : Would you (please) make five copies of this report?
우쥬 (플리즈) 메익 퐈이브 카피즈 어ㅂ 디스 리포ㄹ트
이 보고서를 5부 복사해 주시겠습니까?

B : I'd be glad to.
아이드 비 글래 투
예, 좋아요.

Will you ~?나 Could you ~?는 같은 의뢰의 표현이지만 실제로는 각각 뉘앙스에 차이가 있습니다. 여기에서 정리해 봅시다.

(1) Will you lend me this CD?
가족이나 친한 친구들 간에 가볍게 부탁하는 경우에 사용합니다. 의뢰보다 「지시」의 뉘앙스 즉, 「~해 줄 용의가 있어?」라는 의미가 들어 있는 표현입니다.

(2) Would you lend me this CD?
would를 사용하고 있으므로 will보다는 정중한 표현이지만 will과 같이 「상대가 당연히 해 줄 것을 기대하는」 뉘앙스가 들어 있습니다.

(3) Would you mind lending me this CD?
귀찮은 부탁이지만 상대가 들어줄 수 있는 부탁에 사용합니다. 정중한 표현이지만 would를 사용하고 있으므로 화자 중

심의 의뢰 표현입니다.

(4) Can you lend me this CD?
can의 사용으로 상대방의 뜻을 존중하는 뉘앙스가 있습니다. 위의 (1), (2), (3)보다 정중한 표현입니다.「당신은 ~할 수 있는 입장에 있습니까?」라고 상대방의 역할이 간접적으로 됩니다.

(5) Could you lend me this CD?
can의 과거형 could로 더욱 정중한 표현이 되며, 어떤 상황에서도 쓸 수 있습니다.

(6) I wonder if you could lend me this CD.
더욱 정중한 표현을 하고 싶을 때에는 이 표현을 씁니다.「당신이 들어줄지는 모르겠습니다만 ~.」이라는 의미입니다. I was wondering if ~.라고 과거진행형을 쓰면 더욱 정중한 표현이 됩니다.

Column

🏷️ 단축형

회화에서는 단축형을 주로 씁니다.

(1) 인칭대명사 + (조)동사

I'm = I am, I've = I have, I'd = I would / I should / I had 등
'd는 여러 가지 단축형이 가능하므로 문맥에서 판단해야 하며, 's(is와 has)도 마찬가지입니다. It's와 소유격인 its의 발음에 주의해야 하며, 인칭대명사뿐만 아니라 사람을 나타내는 명사 뒤에도 단축형을 쓸 수 있습니다. 예를 들면 Peter's late.(피터는 지각이다.) 등이 있습니다.

(2) 조동사 + not

aren't = are not, can't = can not, don't = do not 등
I am not의 생략형은 I'm not이 보통이지만, 사람에 따라서는 I ain't라고 하기도 합니다. will not의 단축형은 won't로 철자와 발음이 바뀌는 데 주의하고, may not은 mayn't형으로서는 존재하지만 자주 쓰이지는 않습니다. shan't(= shall not)는 영국 영어에서만 쓰이고 미국 영어에서는 쓰이지 않습니다. be, have, will, shall, would, should 등의 (조)동사는 2가지의 생략형이 있습니다.

She is not = She isn't와 She's not,
He will not = He won't와 He'll not 등

(3) 기타

here's = here is,
there's = there is / there has 「지시대명사 + (조)동사」
where's = where is 「의문사 + 동사」

07 다시 말해 달라고 할 때

우리말이 아닌 외국어로 상대와 대화를 나눈다는 것은 쉬운 일이 아닙니다. 따라서 영어를 제대로 이해하기 위해서라도 상대의 말이 빠르거나 자신이 알아들을 수 없는 말이 나오면 그냥 넘어가지 말고 확실하게 되묻는 습관을 길러서 의사소통에 문제가 없도록 해야 합니다. 이때 주로 사용하는 표현이 Beg your pardon?(다시 말씀해 주시겠어요?) 또는 줄여서 간단하게 Pardon?이라고 합니다.

Basic Expressions

◆ 뭐라고요?

Excuse me?
익스큐즈 미

◆ 뭐라고?

What?
왓

◆ 방금 뭐라고 말씀하셨죠?

What did you say just now?
왓 디쥬 쎄이 저슷 나우

◆ 맞습니까?

Is that right?
이즈 댓 롸잇

◆ 잘 못 알아듣겠습니다.

I'm sorry, but I can't follow you.
아임 쏘리   벗 아이 캔ㅌ 팔로우 유

◆ 다시 말씀해 주시겠어요?

I beg your pardon?
아이 백 유어ㄹ 파ㄹ든

◆ 다른 말로 설명해 주시겠어요?

Could you say it in other words?
쿠쥬 쎄이 잇 인 아더ㄹ 워ㄹ즈

뭐라고 하셨어요?

I beg your pardon?

A : Excuse me, sir. Do you have the time?
익스큐즈 미 써ㄹ   두 유 해브 더 타임
실례합니다. 지금 몇 시입니까?

B : I beg your pardon?
아이 벡 유어ㄹ 파ㄹ든
뭐라고 하셨어요?

A : I asked if you have the time.
아이 애스크드 이퓨 해브 더 타임
시간을 가르쳐 달라고 했습니다.

B : Oh, yes. It's ten past seven.
오우 예스   잇츠 텐 패슷 쎄븐
예. 7시 10분입니다.

I beg your pardon?은 「뭐라고 말씀하셨습니까? / 다시 한 번 말씀해 주십시오..」라는 표현입니다. 끝을 올려서 말해야 하며, 만약 하강조로 하면 「실례합니다.」라는 의미가 됩니다. Beg your pardon? 또는 Pardon? / Excuse me?도 되묻는 표현입니다. 모두 끝을 올려서 말합니다. 비슷한 표현에 Pardon me?가 있지만 이것은 다소 형식적인 표현입니다.

A : Seventh floor, please.   7층 부탁합니다.
B : Pardon me?   뭐라고 하셨어요?
A : I said seventh floor.   7층입니다.

다시 한 번 말씀해 주세요.

Could you say that again for me?

A : I'm sorry, I couldn't hear you.
아임 쏘리   아이 쿠든트 히어ㄹ 유
실례지만, 듣지 못했습니다.

Could you say that again for me?
쿠쥬 쎄이 댓 어겐 풔ㄹ미
다시 한 번 말씀해 주시겠습니까?

「듣지 못했다」는 I couldn't hear you.라고 합니다. hear 대신 listen을 쓸 수는 없고, catch를 쓸 수는 있습니다.

· **I couldn't catch what you said.**
  말씀하신 것을 듣지 못했습니다.

「다시 한 번 말해 주십시오.」는 What did you say?라고도 할 수 있지만, 친하지 않은 상대에게는 쓰지 않는 것이 좋습니다. 상대방에게 천천히 말해 달라고 할 경우에는 Would you mind speaking more slowly?(좀 더 천천히 말씀해 주시지 않겠습니까?)라고 하면 대개 천천히, 확실히, 그리고 경우에 따라서는 쉬운 표현으로 다시 말해 줍니다.

~은 무슨 뜻입니까?

What do you mean by ~?

A : Excuse me, what do you mean by "a heater"?
익스큐즈 미   왓 두 유 민 바이 어 히-터ㄹ
실례지만 '히터'는 무슨 뜻입니까?

B : "A heater" is equipment that is used to raise the temperature.
어 히-터ㄹ 이즈 이큅먼ㅌ 댓 이즈 유즛 투 뤠이즈 더 템퍼러처ㄹ
'히터'는 온도를 높이는데 사용되는 도구입니다.

You can use this "heater" in a room or a car.
유 캔 유즈 디스 히-터ㄹ 인 어 룸 오-ㄹ 어 카ㄹ
이 '히터'는 방이나 차에서 사용할 수 있습니다.

단어의 의미를 모를 경우에는 이처럼 What do you mean by ~? 나 What does ~ mean?을 사용합니다. 상대가 말하는 것을 전혀 이해할 수 없을 때에는 I don't quite understand.라고 하면 됩니다.

Column

단수와 복수

영어를 기초로 하는 구미의 언어는 단수와 복수의 개념이 확실합니다. 이것은 수를 중시하는 문화가 언어에 반영된 것입니다.

(1) 습관적으로 복수를 사용하는 명사

congratulations(축하합니다), greetings(인사), apologies(사과), thanks(감사), take notes(필기하다), jeans(청바지), pajamas(잠옷) 등

(2) 단수인가, 복수인가?

An apple and a banana are my favorite.
나는 사과와 바나나를 좋아한다.

틀린 영어는 아닙니다. 그러나 복수로 하지 않으면 사과의 총칭, 바나나의 총칭이 되지 않으므로 「1개만을 좋아한다.」가 됩니다.

An apple or a banana are to be served.
사과나 바나나가 나옵니다.

이것은 문법적으로 틀렸습니다. 이 경우 or는 「어느 쪽이든지 하나」이므로 is를 써야 합니다. apples or bananas로 모두 복수인 경우에는 물론 are. an apple, bananas라고 단수와 복수가 같이 있을 경우는? 답은 are. 기본적으로 동사는 바로 앞에 있는 명사에 일치시키기 때문입니다. 그러면 햄 앤 에그와 같이 하나로 되어 있는 단어는 어떻게 할까요? 답은 단수형. Your ham and eggs was so good!이라고 표현하는 것이 보통입니다.

08 감상을 물을 때

How about this one?
하우 어바웃 디스 원

Great.
그뤠잇

상대방의 감상이나 의견을 물을 때는 일반적으로 'How ~?'를 이용하여 표현합니다. 그리고 더 자주 사용되는 것이 What do you think ~?(~에 대해 어떻게 생각합니까?)입니다. 그러나 기호나 느낌을 물을 때는 How do you like ~?(~은 어때요?) 등의 문형을 활용하여 표현합니다. 이에 대한 대답은 In my opinion ~?(제 의견으로는 ~.) / As far as I'm concerned ~.(제 생각으로는 ~.) 등으로 합니다.

Basic Expressions

◆ 이건 어떠십니까?

How about this one?
하우 어바웃 디스 원

◆ 여기 생활은 어떠세요?

How are you enjoying it here?
하우 아ㄹ 유 인조잉 잇 히어ㄹ

◆ 당신은 어때요?

What about you?
왓 어바웃 츄

◆ 날씨 어때요?

What's the weather like?
왓츠 더 웨더ㄹ 라익ㅋ

◆ 휴일 잘 보내셨어요?

Did you have a nice holiday?
디쥬 해버 나이스 할러데이

◆ 여행은 즐거우셨나요?

Did you have a good trip?
디쥬 해버 굿 트립

◆ 예약은 하셨습니까?

Did you have a reservation?
디쥬 해버 레저ㄹ베이션

~은 어떻습니까?

How do you ~?

(백화점 탈의실에서 스웨터를 입어보고)

A : I like this sweater, especially the color. How do I look?
아이 라익 디스 스웨러ㄹ 이스페셜리 더 컬러ㄹ 하우 두 아이 룩
이 스웨터, 마음에 들어요. 특히 색이. 어때요?

B : Great. It's definitely you.
그뤠잇 잇츠 데피닛리 유
멋있어요. 잘 어울려요.

예문의 How do I look?은 직역하면 「내가 어떻게 보입니까?」가 됩니다. 이와 같이 사물[사람]의 「상태」에 관하여 감상을 물을 때에는 how를 씁니다.

- How do you find Korea? 한국은 어떻습니까?
- How was your trip to the United States?
  미국여행은 어땠습니까?
- How was the film? 그 영화 어땠어요?
- How was your first impression? 첫인상이 어땠어요?

~에 관해서 어떻게 생각합니까?

What do you think of ~?

A : What do you think of him?
왓 두 유 씽ㅋ 어브 힘
그를 어떻게 생각해요?

B : I think he is very kind.
아이 씽ㅋ 히 이즈 베리 카인드
친절한 사람인 것 같아요.

사물[사람]의 상태뿐만 아니라 전반적인 감상[의견]을 물을 때는 「~에 관해서 당신은 어떻게 생각합니까?」라는 의미로 What do you think of ~?라는 표현을 씁니다.

· What do you think of Korea?
한국에 관해 어떻게 생각합니까?

이외에 what을 사용한 표현을 공부해 봅시다.

· What was the film like?   그 영화 어땠어요?
· What's your boss like?   당신 사장은 어떤 사람이죠?
· What's your opinion?   당신의 의견은 뭐죠?

~는 즐거웠습니까?

Did you enjoy ~?

A : Did you enjoy the summer vacation?
디쥬 인조이 더 썸머ㄹ 베이케이션
여름휴가는 즐거웠습니까?

B : Yes, I did. What about you?
예스 아이 디드 왓 어바웃 유
예. 당신은 어땠어요?

Did you enjoy ~?는 「~는 즐거웠습니까?」라고 묻는 표현입니다. enjoy 외에도 feel을 사용해서 Did you feel ~? 「~라고 생각했[느꼈]습니까?」 등으로 다양한 표현이 가능합니다.

- Did you feel comfortable with him?
  당신은 그가 편했습니까?
- Did you have a good time?
  즐겁게 지냈습니까?

Column

🏷️ 합성어의 강세

합성어에는 airport처럼 스트레스[강세]를 앞에 두는 것과 downstairs처럼 뒤에 두는 것이 있습니다. 그 중에는 의미가 달라지는 것도 있습니다.

앞 강세	뒤 강세
White House 백악관	**white house** 흰 집
Big Apple 뉴욕시 애칭	**big apple** 큰 사과
darkroom 암실	**dark room** 어두운 방
greenhouse 온실	**green house** 녹색 집
blackbird 검은 찌르레기	**black bird** 검은 새
crossword 크로스워드 퍼즐	**cross word** 기분 나쁜 말
freehand 손으로 그린	**free hand** 자유재량
tallboy 2층 장롱	**tall boy** 키가 큰 남자
hotpot 스튜 요리의 일종	**hot pot** 뜨거운 포트
bighorn 산양	**big horn** 큰 뿔
Bigfoot 록키산에 사는 산사람	**big foot** 큰 발
longears 밝은 귀	**long ears** 긴 귀

Basic Expressions

◆ 시간 좀 있어요?

Do you have time?
두 유 해브 타임

◆ 잠깐 만날 수 있을까요?

Can I see you for a moment?
캔 아이 씨 유 풔러 모우먼ㅌ

◆ 다른 약속이 있습니까?

Do you have another appointment?
두 유 해브 어너더ㄹ 어포인먼ㅌ

◆ 다음 주의 예정은 어떻게 되십니까?

What's your schedule for next week?
왓츄어ㄹ 스케줄 풔ㄹ 넥스트 웍

◆ 좋아요, 시간 괜찮아요.

Yeah, I'm free.
예   아임 프리

◆ 언제 만나면 될까요?

When can we meet?
웬 캔 위 밋

◆ 이곳으로 올 수 있습니까?

Can you come here?
캔 유 컴 히어ㄹ

바쁘십니까?

Are you busy?

A : Are you busy now?
아ㄹ 유 비지 나우
지금 바쁘세요?

B : I'm sorry. I got an urgent phone call.
아임 쏘리   아이 가런 어ㄹ전트 포운 콜
미안하지만, 급한 전화가 와서요.

A : I see. I'll talk to you later.
아이 씨   아윌 톡 투 유 레이터ㄹ
알았어요. 나중에 얘기하죠.

바쁜지 어떤지를 묻는 것이 Are you busy?입니다. 회화에서는 Are you busy right now?라고 right now를 붙여서 말합니다. 여기서 right은 특별한 의미는 없고 강조하는 말입니다. right은 약하고 now에 강세가 있습니다. 이와 같은 right의 사용법에는 right here(여기에서, 이곳에) 또는 right there(저기에서, 저기에) 등이 있으며, just도 강조의 의미로 자주 쓰입니다. 「지금 시간이 있습니까?」라는 표현에 Do you have a minute?이 있습니다.

　　A : Excuse me. Do you have a minute?　실례지만, 시간 있습니까?

　　B : Sorry, I'm in a hurry.　죄송하지만 바빠요.

Do you have time?도 이것과 같은 의미로 사용할 수 있는 표현입니다.

언제가 편하십니까?

When would it be convenient for you?

A : Do you have a minute? I have something to tell you.
두 유 해버 미닛　　　　　　　　아이 해브 썸씽 투 텔 유
시간 있습니까? 말씀드릴 게 있습니다.

B : I'm afraid I don't. My client is waiting for me at the lobby.
아임 어프레이드 아이 돈트　마이 클라이언트 이즈 웨이링 풔ㄹ 미 앳 더 라비
시간이 없는데요. 라비에 손님이 기다리고 있어서요.

A : When would it be convenient for you, then?
웬 우드 잇 비 컨비니언트 풔ㄹ 유　　　　　　　　　　 덴
그럼, 언제가 편하십니까?

형편을 묻는 convenient는 주어로 반드시 it을 씁니다. 「월요일은 시간이 됩니까?」는 Are you convenient on Monday?가 아니고 Is Monday Convenient for you?로 해야 합니다. 형편에 관한 표현으로는 이외에 suit나 fine을 사용할 수 있습니다.

· What day of the week will suit you best?
　무슨 요일이 제일 시간이 괜찮습니까?

· A : Let's meet in front of the restaurant.
　　　레스토랑 앞에서 만납시다.
　　Is ten o'clock fine for you?　10시 좋습니까?
　B : It's perfectly all right with me.　아주 좋아요.

~하면 어떨까요?

How about ~?

A : When would you like to have a date?
웬 우쥬 라익 투 해버 데이트
데이트는 언제가 좋지?

B : Let me see ….
렛 미 씨
글쎄 ….

A : How about Tuesday evening?
하우 어바웃 튜즈데이 이브닝
화요일 밤은 어떨까?

B : That's fine.
댓츠 퐈인
좋아.

How about ~?은 「~하면 어떨까?」라는 의미로 What about ~? 으로 바꿀 수 있는데, 비슷한 표현인 권유의 How about -ing?(~ 하는 것은 어떻습니까?)와 혼동하지 않도록 주의합시다.

· How about going to the zoo with me on Sunday?
일요일에 동물원에 가지 않을래요?

때를 나타내는 this, next, last

약속을 할 때나 예정을 잡을 때 this, next, last 등의 말을 쓰고 있습니다. 예를 들어 오늘이 13일 금요일이라고 합시다.

이번 주 화요일을 흔히 I saw you last Tuesday.라고 하지만, 이것만으로는 지난주인지 이번 주인지 듣는 사람에 따라 다를 수가 있습니다. last를 「가까운」이라는 의미로 이해하는 사람이 있고 「지난 주」라는 의미로 이해하는 사람이 있으므로 여기에서 같은 주인 경우에는 this나 last를 사용하지 말고 on Tuesday로 하면 오해가 생기지 않습니다.

또한 Wednesday last week(지난 주 수요일)이라고 하거나, 21st next week(다음 주 21일), this coming 16th(오는 16일), 8th of this week(이번 주 8일)처럼 날짜로 표현을 하면 정확히 전달할 수 있습니다.

기호와 취미를 물을 때

상대에게 취미가 무엇인지 물을 때 What is your hobby?(취미가 뭡니까?), 또, 어떤 일에 흥미가 있는지를 물을 때 What are you interested in?(무엇에 흥미가 있습니까?)이라고 합니다. 별다른 취미가 없을 때는 I have no hobbies in particular.(저는 특별한 취미는 없습니다.), 그 취미를 시작하게 된 계기를 물을 때는 What made you start your hobby?(어떻게 그 취미를 시작했습니까?)라고 물으면 됩니다.

Basic Expressions

♦ 취미가 뭡니까?

What is your hobby?

왓 이즈 유어ㄹ 하비

♦ 무엇에 흥미가 있으세요?

What are you interested in?

왓 아ㄹ 유 인터리스티드 인

♦ 저의 취미는 다양해요.

My interests are varied.

마이 인터리스츠 아ㄹ 베어리드

♦ 나는 특별한 취미는 없어요.

I have no hobbies in particular.

아이 해브 노우 하비즈 인 퍼ㄹ티큘러ㄹ

♦ 어떤 음악을 좋아하세요?

What kind of music do you like?

왓 카인드 어브 뮤직 두 유 라익

♦ 운동하는 걸 좋아합니까?

Do you like to exercise?

두 유 라익 투 엑서ㄹ싸이즈

♦ 이런 디자인은 좋아하지 않습니다.

I don't like this design.

아이 돈 라익 디스 디자인

123

 ~하세요?

Do you ~?

A : We'll order something new for you.
위월 오-ㄹ더ㄹ 썸씽 뉴 풔ㄹ 유
새로운 것을 주문할게요.

Do you eat raw fish?
두 유 잇 로- 피쉬
회 드세요?

B : I guess so.
아이 게 쏘우
예. 먹어요.

상대의 취미나 스포츠, 생활습관을 물을 때는 Do you ~?를 씁니다. 「먹을 수 있습니까?」라는 의미로 Can you ~?를 쓸 수도 있지만, 이것은 능력이 있는지를 묻는 것이어서 상황에 따라 실례인 경우도 있으므로 주의해서 써야 합니다. 음식물의 기호도 Can you ~?가 아니라 Do you ~?를 쓰는 것이 자연스럽습니다. (알레르기 등으로 먹을 수 없는 경우에는 can을 씁니다.)

- Do you drink whisky? 위스키 드십니까?
- Do you ski? 스키를 탑니까[탈 수 있습니까]?
- Do you smoke? 담배를 피웁니까?
- Do you like Jazz? 재즈 좋아하세요?

~할 줄 아세요?

Can you ~?

A : Can you do it by yourself?
캔 유 두 잇 바이 유어ㄹ셀프
혼자서 할 수 있습니까?

B : No problem.
노우 프라블럼
문제없어요.

상대의 능력을 물을 때는 Can you ~?를 씁니다.

- A : Can you find your way to the theater?
  영화관까지의 길을 알고 있습니까?

  B : I think I can. I have a map.
  알 수 있을 것 같아요. 지도가 있으니까요.

- Can you swim?
  수영할 수 있습니까? (스포츠가 아닌 기술로서)

- Can you back-flip?
  뒤로 공중제비 할 수 있습니까?

~하는 법을 아세요?

Do you know how to ~?

A : Do you know how to operate this VTR?
두 유 노우 하우 투 아퍼레잇 디스 븨티아ㄹ
이 VTR의 사용법을 알고 있습니까?

B : Yes. You can ask me anything.
예스   유 캔 애스크 미 애니씽
예. 무엇이든 물어보세요.

물건을 다루는 방법에 관한 질문이나 지식 등을 물을 때 Do you know how to ~?를 씁니다.

· A : Do you know how to send E-mail?
　　이메일 보내는 법을 아세요?

　B : No, would you tell me, please?
　　몰라요. 가르쳐 주겠어요?

· Do you know how to make a cake?
　케이크 만드는 법을 아십니까?

Column

▶ 스포츠에서의 play, go, do

「스포츠를 하다」라는 표현에는 play ~, -ing, do ~의 세 가지 표현이 가능합니다.

(1) play를 사용하는 스포츠

주로 구기 등의 게임 스포츠. 테니스, 야구, 축구, 배구, 농구 등입니다. play tennis, play baseball 등을 씁니다.

(2) -ing를 사용하는 스포츠

경기명이 보통 -ing형인 스포츠. skiing, surfing, skating, cycling 등이 해당합니다. -ing형을 떼고 ski, surf, cycle 등으로 동사로도 쓸 수 있습니다. 또한 go 등 다른 동사와 결합해서 사용할 수도 있지만 play는 쓸 수 없습니다.

- Do you hike? 하이킹을 합니까?
- Let's go surfing. 서핑 하러 갑시다.

(3) do를 사용하는 스포츠

(1), (2)의 이외의 스포츠. 양궁, 씨름, 카누 등입니다. do canoe 로 씁니다. 또한 (1), (2), (3) 이외에 구체적인 동사를 쓸 수도 있습니다.

- run a race, jump hurdles

11 고마움을 나타낼 때

You're welcome.
유어ㄹ 웰컴

I heartily thank you.
아이 하ㄹ틸리 쌩큐

우리는 남에게 감사를 베푸는 마음이 약하지만, 서구인들은 남에게 조그마한 도움을 받아도 Thank you.(고마워요.)라는 인사를 아끼지 않습니다. 우리도 상대방의 사소한 도움이나 친절에 대해 감사의 인사를 전하도록 노력합시다. 감사에 대한 응답 표현으로는 「천만에요.」라는 뜻으로 Not at all. / Don't mention it.이 있지만, That's all right. / Don't worry. 등도 있으므로 함께 기억해 둡시다.

Basic Expressions

◆ 감사합니다.

Thank you.
쌩큐

◆ 대단히 감사합니다.

Thanks a lot.
쌩스 어 랏

◆ 진심으로 감사드립니다.

I heartily thank you.
아이 하ㄹ틸리 쌩큐

◆ 친절을 베풀어 주셔서 감사합니다.

Thank you for kindness.
쌩큐 풔ㄹ 카인니스

◆ 도와 주셔서 감사합니다.

Thank you for your help.
쌩큐 풔ㄹ 유어ㄹ 헬ㅍ

◆ 천만에요.

You're welcome.
유어ㄹ 웰컴

◆ 별말씀을요.

Don't mention it.
돈 맨셔닛

 고마워요.

Thank you.

A : Would you get me scissors?
우쥬 겟 미 씨저르스
가위를 집어주시겠습니까?

B : Here you are. 여기 있습니다.
히어르 유 아르

A : Thanks a lot. 감사합니다.
쌩스 어 랏

이와 같이 Thanks a lot. / Thanks so many. / A thousand thanks. 처럼 thank를 복수형으로 하면 감사의 느낌이 깊어집니다. 또한 「많은」이라는 의미의 말을 붙여서 Thank you very much. / Thank you so much.라고 하기도 합니다. 감사의 이유를 의미하는 for를 붙이면 무엇에 감사하는 것인지를 나타낼 수 있습니다.

- Thank you for the flowers. 꽃을 주셔서 감사합니다.
- Thanks for calling. 전화 감사합니다.

회화에서는 대개 Thank you. 뒤에 다음과 같은 말을 덧붙입니다.

- It's so kind of you. / How kind of you.
  친절에 감사드립니다.
- It was a big help.
  크게 도움이 되었습니다.

천만에요.

Not at all.

A : Thanks for showing me around.
쌩스 풔ㄹ 쇼우잉 미 어롸운ㄷ
안내해 주셔서 감사합니다.

B : Not at all.
나래 롤
천만에요.

감사의 말에 대한 대답으로는 You are welcome. 이외에도 많이 있습니다.

- It's nothing.   아무 것도 아닙니다.
- Anytime.   언제라도 좋아요.
- Don't mention it.   천만에요. 〈격식을 차린 표현〉
- It's my pleasure.   천만에요.

아뇨, 됐습니다.

No, thank you.

A : How about another piece of pizza?
하우 어바웃 어나더ㄹ 피스 어ㅂ 피자
피자 한 조각 더 드시겠어요?

B : No, thank you. The pizza is nice, but I've had plenty.
노우 쌩큐 더 피자 이즈 나이스 벗 아이브 해드 플렌티
아뇨, 됐습니다. 피자가 맛있지만, 벌써 많이 먹었습니다.

Thanks anyway. 어쨌든 감사합니다.
쌩스 애니웨이

이와 같이 상대방의 배려에 대해 거절하는 표현을 몇 가지 들어 봅시다.

· Thank you just the same. / Thanks all the same.
 어쨌든 감사합니다.

이런 표현은 부탁을 거절당했을 때의 인사로도 사용할 수 있습니다.

A : Can you tell me how to get to the Museum?
 미술관에 가는 길을 가르쳐 주십시오.

B : Sorry, but I'm a stranger here too.
 미안하지만, 저도 여기는 처음입니다.

A : I see. Well, thanks just the same.
 알겠습니다. 어쨌든 감사합니다.

▶ 남성어와 여성어

영어에는 여자들이 즐겨 쓰는 말이 있습니다. 남성이 이런 말을 자주 쓰면 이상하게 들릴 수도 있습니다. 여성어는 다음과 같은 특징이 있습니다.

(1) 단정을 피하기 위해 말끝을 올립니다.

(2) 상대의 동의를 구하는 표현을 많이 씁니다.

It's so cool, isn't it?과 같은 부가 의문이 대표적인 예입니다.

(3) 표현을 부드럽게 한 말을 사용합니다.

John is "kind of" sweet.(존은 좀 멋져요.)와 같이 kind of나 sort of를 사용할 때가 있습니다.

(4) lovely, sweet, charming, cute, adorable 등의 말을 자주 씁니다.

(5) 「Oh, how + 형용사!」 형의 감탄표현을 씁니다.

Oh, how lovely! (어머, 예쁘네!)

(6) Wh-의문문은 말끝을 올려서 합니다.

대개 이런 의문문은 말끝을 내리는 인토네이션이지만 여성적인 예쁜 표현을 하기 위해 말끝을 올리게 됩니다.

미안함을 나타낼 때

자신의 실수나 잘못에 대해 사과할 때는 보통 I'm sorry.(미안합니다.), Excuse me.(미안합니다. / 실례했습니다. / 실례하겠습니다.)라는 표현을 사용하며, 이에 대한 응답으로는 That's all right.(괜찮습니다.)이 있습니다. Excuse me.를 자주 쓰는 서양인도 일단 책임 문제라든가 돈에 관련된 트러블이 일어나면 결코 사과를 하지 않는 것이 보통입니다. 이런 경우에 I'm sorry.라고 하면 모든 책임을 인정하는 꼴이 되어버리니 주의해서 사용해야 합니다.

Basic Expressions

◆ 실례합니다[미안합니다].

Excuse me.
익스큐즈 미

◆ 미안합니다.

I'm sorry.
아임 쏘리

◆ 정말 죄송합니다.

I'm really sorry.
아임 뤼얼리 쏘리

◆ 당신에게 사과드립니다.

I apologize to you.
아이 어팔러자이즈 투 유

◆ 그 점에 대해서 미안합니다.

I'm sorry about that.
아임 쏘리 어바웃 댓

◆ 용서해 주십시오.

Please forgive me.
플리즈 풔ㄹ기브 미

◆ 괜찮습니다.

That's all right.
댓츠 올 롸잇

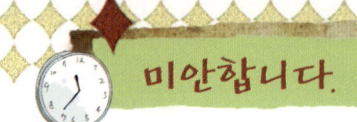
미안합니다.

I'm sorry.

A : You are late. What happened?
유 아ㄹ 레잇   왓 해픈ㄷ
늦었군요. 무슨 일 있었어요?

B : I'm sorry.
아임 쏘리
죄송합니다.

To tell you the truth, I slept in.
투 텔 유 더 트루스   아이 슬렙트 인
사실은 늦잠 잤어요.

I'm sorry.에 다음과 같은 말을 붙여서 다양한 표현을 할 수 있습니다.

- I'm sorry (that) I can't help you. 도와드릴 수가 없어서 죄송합니다.
- I'm sorry to trouble you. 폐를 끼쳐서 죄송합니다.

I'm sorry. 뒤에 that절이 붙는 경우, that은 대개 생략됩니다. 또한 「to + 동사」일 때는 「이제부터 ~하다」라는 경우와 「~한 직후」라는 경우에 사용합니다. 이에 비해서 for -ing는 과거에 한 일에 대해서 사과한다는 차이가 있습니다. 「~에 대해서」라는 이유를 말할 경우에는 for 또는 about을 씁니다.

- I'm sorry for making so much noise. 시끄럽게 해서 죄송합니다.
- I'm sorry about spilling the drink. 술을 엎질러서 죄송합니다.

괜찮습니다.

That's all right.

A : I'm sorry for breaking the glass.
아임 쏘리 풔ㄹ 브레이킹 더 글래스
컵을 깨뜨려서 죄송합니다.

B : Please don't worry about it.
플리즈 돈 워리 어바웃 잇
걱정 마세요.

worry는「걱정하다, 고민하다」라는 의미이므로 다음의 표현은 「신경 쓰지 마세요, 걱정 마세요」라는 표현이 됩니다. 이 worry 대신에 mind를 사용해서 Never mind.「걱정 말고 잊어버리세요.」라고 할 수도 있습니다. 이외에 I'm sorry.에 대한 대답을 몇 가지 들어봅시다.

- It's (quite) all right.   괜찮아요.
- No problem.   문제없어요.
- It's nothing.   별 것 아니에요.

실례했습니다.

Excuse me.

A : Excuse me for interrupting your work.
익스큐즈 미 풔ㄹ 인터럽팅 유어ㄹ 워ㄹ크
일을 방해해서 죄송합니다.

B : That's all right.
댓츠 올 롸잇
괜찮아요.

「실례합니다. / 실례했습니다.」는 Excuse me.입니다. 기침 또는 재채기를 했을 때, 다른 사람의 앞을 지나갈 때, 몸을 건드렸을 때 등에도 사용합니다. I'm sorry.와 큰 차이점은 I'm sorry.는 자신의 실수나 잘못을 인정한다는 것입니다. 그러므로 구별해서 사용해야 합니다. 또한 자신의 잘못을 완전히 시인하는 표현도 알아둡시다.

- It's my fault.
  제 잘못입니다.
- I apologize for losing your pen.
  펜을 잃어버려서 정말 죄송합니다.

주의해야 할 표현

우리말에서는 「거짓말」 또는 「거짓말이지」라는 말을 가벼운 느낌의 맞장구로서 사용하고 있지만, 이것은 영어에서는 금물입니다. 그것을 그대로 영어로 해서 You are liar.(거짓말쟁이.)라고 하든지 You are lying.(거짓말이지.) 또는 Don't tell me a lie.(거짓말 마세요.) 등으로 말하지 않도록 주의해야 합니다.

이것은 lie가 상대의 인격을 손상시키는 표현이기 때문입니다.

굳이 사용하려면 다음과 같은 표현을 씁니다.

- Are you kidding?   농담이죠?
- Are you sure?   확실한 거예요?
- Don't tell a story.   말을 꾸미지 말아요.

13. 응답할 때

Was she there?
워즈 쉬 데어ㄹ

Maybe ….
메이비

응답할 때의 간단한 표현으로 찬성하고 싶을 때는 Certainly!(알았습니다!) / Definitely!(맞아요!) / Exactly!(확실히 그래요!) 등으로 표현하는데, 이것은 모두 강한 긍정을 나타냅니다. 또한 상대가 한 말을 찬성할 수 없을 때는 확실히 그것을 전달해야 합니다. 아무런 응답도 없이 듣고만 있으면 상대방은 찬성으로 받아들일 수도 있기 때문입니다. That's not correct!(그건 옳지 않아요!) / That's wrong.(그건 틀려요!)이라고 반론하는 게 중요합니다.

Basic Expressions

♦ 물론이죠[당연하죠].

Sure.
슈어ㄹ

♦ 알겠습니다.

Yes, sir.
예스   써ㄹ

♦ 네, 부탁합니다.

Yes, please.
예스   플리즈

♦ 네, 그렇게 합시다.

Yes, let's.
예스   렛츠

♦ 아니, 지금은 됐어요[안 됩니다].

No, not now, thanks.
노우   낫 나우   쌩스

♦ 그렇지 않아요.

No, sir.
노우   써ㄹ

♦ 아마도 ….

Maybe ….
메이비

141

예./아니오.

Yes. / No.

A : Excuse me, doesn't this bus go to City Hall?
익스큐즈 미 더즌트 디스 버스 고우 투 씨리 홀
실례지만, 이 버스는 시청에 가지 않습니까?

B : Yes, it does.
예스 잇 더즈
아뇨. 가요.

부정형으로 질문한 경우 Yes, No의 대답은 긍정형으로 묻는 경우와 동일합니다.

(1) Does this train stop at City Hall?
이 열차는 시청에 섭니까?

— Yes, it does.　　　예. 섭니다.
— No, it doesn't.　　아뇨, 서지 않습니다.

(2) Doesn't this train stop at City Hall?
이 열차는 시청에 서지 않죠?

— Yes, it does.　　　아뇨. 섭니다.
— No, it doesn't.　　예. 서지 않습니다.

예, 물론입니다.

Yes, of course.

A : May I take your picture?
메아이 테익 유어ㄹ 픽쳐ㄹ
당신 사진을 찍어도 됩니까?

B : Yes, of course.
예스 어브 코ㄹ스
예, 물론입니다.

단순히 Yes, it is.라고만 하지 말고 of course와 같은 표현을 덧붙여 봅시다. 그렇게 하면 더욱 자연스런 표현이 됩니다.

- That's true.   맞아요.
- You are right.   맞아요.
- I think so.   그렇게 생각해요.
- I hope so.   그러길 바라요.

I think so.와 I hope so.는 비슷한 의미이지만 hope에는「기대 · 희망」의 의미가 들어 있습니다.

- Yes[No], as always.   예[아니오], 언제라도.
- I'm afraid not.   유감이지만 안 되겠습니다.
- Of course not.   물론 안 됩니다.

확실치는 않아요.

I'm not too sure.

A : Was she there?
워즈 쉬 데어ㄹ
그녀는 그곳에 있었습니까?

B : I don't know. I mean, I didn't see her but somebody else might have.
아이 돈 노우   아이 민 아이 디든 씨 허ㄹ 벗 썸바디 엘스 마잇 해브
모릅니다. 나는 보지 못했지만, 다른 누가 봤을지도 모른다는 말입니다.

「예, 아뇨」라고 확실하게 대답할 수 없는 경우가 일상회화에 흔히 있습니다. 그런 경우에는 오해가 생기지 않도록 다음과 같이 표현하면 됩니다.

- A : Is this her phone number?
  이것이 그녀의 전화번호입니까?

  B : I guess so, but I'm not too sure.
  그런 것 같은데. 확실치는 않아요.

- I'm not sure. 잘 모르겠습니다.

- I don't know well. 잘 모르겠습니다.

Yes와 「예」의 미묘한 차이

영어의 Yes는 우리말의 「예」와는 약간 차이가 있습니다. 실제로 Yes는 「예」보다는 강한 긍정의 의미가 있습니다.

(1) 맞장구

상대의 말을 들으면서 맞장구로 Yes, yes라고 하는 경우가 있는데 이것은 「당신이 말한 것은 맞습니다, 동감입니다.」라는 의미가 강하므로 단순히 「예, 듣고 있습니다.」라는 의미로 맞장구를 칠 경우에는 Uh-huh를 사용하는 것이 오해를 일으킬 소지가 적습니다.

(2) 긍정의 Yes

우리말의 「예」를 영어로 바꾸면 You are right.(맞습니다.)이나 I'll do as you say.(말한 대로 하겠습니다.)라는 의미가 됩니다. 반면에, 영어의 Yes는 「나로서는 그렇습니다.」의 의미입니다. 그러므로 영어에서는 상대의 질문이 어떻든지 자신이 할 때는 Yes, 하지 않을 때는 No로 대답하게 됩니다. 부가의문 등에서 Yes인지 No인지를 모를 경우에는 Yes 대신에 O.K.를 쓰면 무난합니다.

 A : Don't touch my PC. 내 컴퓨터에 손대지 마.
 B : O.K., I don't. 알겠어. 손대지 않을게.

그리고 No 대신에 well을 쓰면 무난합니다.

 A : Don't you want a cup of coffee? 커피 마시고 싶지 않아?
 B : Well, I don't want it now. 지금은 됐어.

이처럼 well을 사용하면 No로 대답하는 것보다는 부드러운 표현이 됩니다.

14 주변의 화제로 말을 걸 때

Can I have a word with you?
캔 아이 해버 워ㄹ드 위듀

What's the matter?
왓츠 더 매터ㄹ

영어를 자유롭게 구사하는 사람도 적절한 말이 생각나지 않아 말문이 막힐 때가 있습니다. 더구나 영어에 능숙하지 않은 사람이 대화중에 즉시 대응하기는 어려운 일입니다. 순간적으로 다음 말이 떠오르지 않을 때나 생각이나 응답을 할 시간을 얻고 싶을 때는, Well ….이라고 약간 낮은 어조로 말하면 됩니다. 회화를 끊이지 않게 하기 위해서는 Well ….을 쓰면 된다고 알아두세요. Well, let me see …, Wait a moment.라고 말하고 회화를 이어갈 수도 있습니다.

Basic Expressions

♦ 실례합니다만 ….

Excuse me, but ….
익스큐즈 미 벗

♦ 이야기 좀 할 수 있을까요?

Can I have a word with you?
캔 아이 해버 워ㄹ드 위듀

♦ 말씀 중에 잠깐 실례해도 될까요?

May I interrupt you?
메아이 인터럽 츄

♦ 말씀 도중에 죄송합니다만 ….

Sorry to interrupt, but ….
쏘리 투 인터럽 벗

♦ 여기는 처음이십니까?

Are you new here?
아ㄹ 유 뉴 히어ㄹ

♦ 경치가 멋지죠?

What a nice view, isn't it?
와러 나이스 뷰– 이즌 잇

♦ 날씨가 좋죠?

Nice day, isn't it?
나이스 데이 이즌 잇

좋은 날씨죠?

Beautiful day, isn't it?

A : Good morning, Bill.
굿 모르닝   빌
안녕하세요, 빌.

B : Hi, there. How are you?
하이 데어ㄹ   하우 아ㄹ 유
안녕하세요. 어떻게 지내세요?

A : Very well, thank you. How are you?
베리 웰   쌩큐   하우 아ㄹ 유
아주 좋아요, 덕분에요. 당신은 어때요?

B : Just fine. Say, it's awfully windy.
저슷 퐈인   쎄이   잇츠 어-펄리 윈디
좋아요. 그런데 바람이 세군요.

A : It sure is.
잇 슈어ㄹ 이즈
그래요.

날씨에 관한 표현을 몇 가지 들어 봅시다.

- Beautiful day, isn't it? 좋은 날씨죠?
- Too hot, isn't it? 정말 덥죠?
- Lovely evening, isn't it? 멋진 저녁이죠? 〈여성적인 표현〉
- It's going to snow all day. 종일 눈이 내릴 것 같군요.
- It looks like rain. 비가 올 것 같군요.

이처럼 부가의문이 많이 쓰입니다.

일은 어때요?

How is your work?

A : Good afternoon.
굿 애프터ㄹ눈
안녕하세요.

B : Oh, good afternoon.
오우   굿 애프터ㄹ눈
안녕하세요.

A : How was your weekend?
하우 워즈 유어ㄹ 위켄ㄷ
주말은 어땠어요?

B : Great! I went to Busan with my wife.
그뤠잇   아이 웬 투 부산 위드 마이 와이ㅍ
즐거웠어요. 아내와 부산에 갔다 왔어요.

이와 같이 서로의 근황을 화제로 하는 것도 좋습니다.

- How is your work?
  일은 어때요?

- How was the result of the examination?
  시험 결과는 어땠어요?

- How is your sister these days?
  요즘 여동생은 어때요?

좋아하는 스포츠는 뭡니까?

What's your favorite sport?

A : Hey, did you see that TV drama yesterday?
헤이 디쥬 씨 댓 티-브- 드라-머 예스터ㄹ데이
어제 그 텔레비전 홈드라마 봤니?

B : Yes, of course I did. I had not expected such a plot at all.
예스 어브 코ㄹ스 아이 디드 아이 해드 낫 익스펙티드 써치 어 플럿 애롤
물론, 봤어. 그런 줄거리는 전혀 예상하지 못했어.

서로 친근한 사이라면 공통의 화제를 꺼내는 것도 좋습니다.

- Have you bought the new CD of Prince?
  프린스의 새 CD 샀니?
- Do you still play tennis like you used to?
  아직도 테니스 치니?
- Are you improving your skill of chess?
  체스 실력은 많이 늘었니?

▶ and를 바르게 쓰는 법

(1) I and you가 아니라 you and I

and로 항목을 나열하는 데에도 순서가 있습니다. you와 I는 you를 먼저 말합니다. 이것은 타인에 대한 경의를 나타내는 것으로 사과할 때는 I and my wife do apologize ~.라고 먼저 I를 앞으로 꺼냅니다.

또한 낮과 밤일 경우에는 day and night이 됩니다. 결코 night and day라고는 하지 않습니다.

(2) 셋 이상의 항목을 나열하는 경우

맨 마지막 항목 앞에 and가 옵니다. 예를 들면 the sun, the moon, and the stars라고 하는 경우 보통 and 앞에 콤마를 붙이지만 미국에서는 이 콤마를 생략하는 일이 많습니다.

(3) and 뒤의 생략

미국 구어에서 모두 아는 음식의 합성어에는 후자를 생략하는 경우가 있습니다.

- ham and 햄앤 에그 (뒤에 eggs가 생략)
- coffee and 커피와 도넛 (뒤에 doughnut이 생략)

15 작별인사를 할 때

Good bye.
굿 바이

Good bye.
굿 바이

일상생활에서 헤어지는 상황이 다양하듯이 그것을 나타내는 영어 표현도 많습니다. 즉, 이튿날 다시 만날 수 있는 사이끼리 건네는 인사부터 멀리 여행을 떠나는 사람을 전송하는 인사 등까지 다양하므로 관용화 된 표현을 익혀 그때그때 적합한 인사말을 활용해 봅시다. 작별할 때의 가장 일반적인 인사 표현은 Good bye.(안녕히 가세요.) / Bye.(안녕.) / See you later.(나중에 봐요.) 등이 있습니다.

Basic Expressions

♦ 안녕히 가세요.

Good bye.
굿 바이

♦ 그럼, 이만.

So long.
쏘우 롱-

♦ 살펴 가세요.

Take care.
테익 케어ㄹ

♦ 좋은 시간 보내세요.

Have a good time.
해버 굿 타임

♦ 만나서 반가웠어요!

Nice meeting you!
나이스 미링 유

♦ 안녕히 주무세요!

Have a good night!
해버 굿 나잇

♦ 또 만납시다.

See you again.
씨 유 어겐

미안하지만, 가야 해요.

I'm afraid I have to be going.

A : Let's go for a cup of coffee.
렛츠 고우 풔러 컵 어브 커피
커피 한 잔 하러 갑시다.

B : I'm afraid I have to go.
아임 어프레이드 아이 해브 투 고우
미안하지만, 가야 해요.

A : All right. Maybe next time, then.
올 롸잇   메이비 넥숫 타임   덴
그래요. 그럼 다음에 하죠.

헤어질 때의 표현에는 다음과 같은 것들이 있습니다.

· I'm afraid I have to say good-bye.
· I really must go now.

강한 어법이므로 주의해야 합니다.

· Well, it's getting late. I've really got to go.

일상회화에서는 I've gotta[got to] go.나 Gotta go.라고 합니다.
〈격의 없는 표현〉

여기까지 합시다.

That's all for now.

A : **That's all for now.**
댓츠 올 풔ㄹ 나우
여기까지 합시다.

Thank you for your time.
쌩큐 풔ㄹ 유어ㄹ 타임
시간 내주셔서 감사합니다.

B : **What about this new issue?**
왓 어바웃 디스 뉴 이슈-
새 안건 어떻게 생각해요?

A : **Let's hold a meeting again tomorrow morning.**
렛츠 호울드 어 미링 어겐 터마로우 모르닝
내일 아침 다시 회의를 엽시다.

무엇인가를 하다가 그것을 마치는 표현입니다. 한국인이 자주 틀리는 표현으로 Let's finish this work.가 있습니다. 이것은 「중단하자」가 아니라 「끝내자」라는 의미입니다. 이때는 Let's leave[knock] off work now.라고 합니다.

- **I think that's everything. / That's about it.**
  이것으로 마칩시다.

- **That's all for today. / Let's call it a day.**
  오늘은 그만 합시다.

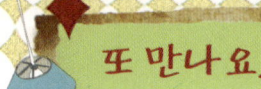
또 만나요.

See you later.

A : I'm sorry I have to go. See you later.
아임 쏘리 아이 해브 투 고우   씨 유 레이터ㄹ
가야 할 것 같습니다. 또 만나요.

B : All right. See you around.
올 롸잇   씨 유 어롸운드
예. 또 만나요.

헤어질 때의 인사로는 Good-bye.뿐만 아니라, 다양한 표현이 많은 것이 영어의 특징입니다.

- Until the next time. 다음에 만날 때까지.
- Have a nice weekend. 좋은 주말을.
- Best wishes to your wife. /
  Please give my regard to your wife.
  부인에게 안부 전해 주세요.
- We had a good time. 즐거웠습니다. 〈과거형에 주의〉
- Nice talking to you. 이야기 즐거웠습니다.
- Great seeing you. / It was nice seeing you.
  만나서 즐거웠어요. 〈과거형에 주의〉

▶ I, you, we의 사용법

영어에서는 주어의 사용에 주의해야 합니다. 한 한국인 사원이 우리말로 「당사는 ~」이라는 의미로 my company를 썼다가 상대 외국인이 「당신이 사장이세요?」라고 되묻는 해프닝이 있었다는 이야기가 있습니다. 이때는 The ~ company 등으로 하는게 좋고, 자본을 출자한 주주에 대해서는 your company라고 합니다.

가전제품 등의 취급설명서에 「본 제품은 ~」의 표현에는 your machine을 쓰고 있는데 이것은 「산 뒤에는 사용자의 소유물」이라는 의식이 들어 있기 때문입니다.

의사가 어린아이에게 증상을 묻는 경우에는 How are we doing today?라고 we를 씁니다. you가 아니라 we를 씀으로서 「의사와 함께 아픈 것을 고치자」라는 뉘앙스가 들어 있습니다. 또한 강연 등에서도 화자는 청중과의 일체감을 주기 위해 I, you 대신에 we를 흔히 씁니다.

영어권에서는 자기를 주장하는 것을 초등학교 시절부터 교육합니다. It seems ~.나 It appears ~.보다도 I think ~. / I believe ~. 등을 쓰도록 하고 있으며, I를 대문자로 쓰는 이유도 여기에 있는 것 같습니다.

16 만나서 인사를 주고받을 때

It's good to see you again.
잇츠 굿 투 씨 유 어겐

Long time no see.
롱 타임 노우 씨

오랜만에 만났을 때 가장 일반적으로 쓰이는 인사 표현으로는 I haven't seen you for a while.(오랜만입니다.)이 있습니다. 서로 허물없는 사이라면 Long time no see.를 가장 많이 씁니다. 안부를 물을 때는 How have you been? 또는 How've you been?으로 줄여 말하기도 하지만, 요즘은 How you been?으로 have를 빼고 간편하게 사용하고 있습니다.

Basic Expressions

◆ 오랜만입니다.

Long time no see.
롱 타임 노우 씨

◆ 여전하군요.

You haven't changed at all.
유 해븐 체인쥐드 애롤

◆ 다시 만나서 반갑습니다.

It's good to see you again.
잇츠 굿 투 씨 유 어겐

◆ 별고 없으십니까?

What's new?
왓츠 뉴-

◆ 어떻게 지내셨습니까?

How have you been doing?
하우 해뷰 빈 두잉

◆ 대체 어디서 지내셨어요?

Where on earth have you been hiding yourself?
웨어ㄹ 안 어ㄹ스 해뷰 빈 하이딩 유어ㄹ셀ㅍ

◆ 모두들 잘 지내시는지요?

How's everyone getting along?
하우즈 에브리원 게링 어롱

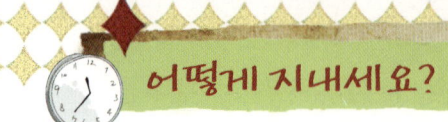 어떻게 지내세요?

How are you doing?

A : How are you doing?
　　하우 아ㄹ 유 두잉
　　어떻게 지내세요?

B : I'm fine.
　　아임 퐈인
　　잘 지내요.

친구·동료 사이의 격의 없는 인사. How are you?보다 친근한 느낌이 있는 표현입니다. How are you?가 진행형으로 되어「어떻게 지내고 있어요?」라는 의미가 됩니다. 대답은 I'm fine. 등으로 합니다. 매우 친하게 지내는 사이라면 O.K. Good.이나 Not bad. / Pretty good. 등도 괜찮습니다. 이와 같은 how를 이용한 일상의 인사를 소개해 보면 모두 의미는 How are you doing?과 같지만 더욱 격의 없는 표현입니다.

- How you doing? (위의 표현에서 be동사가 생략된 것)
- How have you been?
- How is everything?

 안녕하세요.

Hello ~. / Hi ~.

A : Hello, Misun.
　　헬로우　미선
　안녕하세요, 미선.

B : Oh! Hello, Bob.
　　오우　헬로우　밥
　안녕하세요, 밥.

친한 사이에 가장 많이 사용되는 인사가 이 Hello.와 Hi.입니다. 단순히 Hello.라고만 하지 말고 뒤에 이름을 붙여서 말하는 것이 좋습니다. Hello.보다 Hi.가 더욱 격의 없는 표현입니다.

What을 이용한 인사

A : **What's happening?** 무슨 일 있어요?
왓츠 해프닝

B : **Not much.** 아뇨. 별다른 일 없어요.
낫 머치

A : **What's new?** 무슨 일 있어요?
왓츠 뉴-

B : **Nothing.** 없어요.
낫씽

A : **What's up?** 어땠어요?
왓츠 업

B : **(It's) So so.** 그저 그래요.
(잇츠) 쏘우쏘우

What's happening?과 What's new?는 의미가 같습니다. 특별한 다른 일이 없는 경우의 대답은 Not much. 또는 Nothing.으로 합니다. 한편 What's up?은 How have you been?과 같은 의미이지만 보다 격의 없는 표현입니다. 친구나 동료 사이에서 흔히 쓰는 표현 중 하나입니다.

출생연대별 남녀 인기 이름

시대에 따라서 이름의 인기가 변하는 것은 미국도 우리와 다를 바 없습니다. 미국에서의 이름의 인기 순위를 알아보면,

순위	2000년대		1980년대		1960년대	
	남	여	남	여	남	여
1	Jacob	Emily	Michael	Jessica	Michael	Lisa
2	Michael	Madison	Christopher	Jennifer	David	Mary
3	Matthew	Hannah	Matthew	Amanda	John	Karen
4	Joshua	Ashley	Joshua	Ashley	James	Susan
5	Christopher	Alexis	David	Sarah	Robert	Kimberly
6	Nicholas	Samantha	Daniel	Stephanie	Mark	Patricia
7	Andrew	Sarah	James	Melissa	William	Linda
8	Joseph	Abigail	Robert	Nicole	Richard	Donna
9	Daniel	Elizabeth	John	Elizabeth	Thomas	Michelle
10	William	Jessica	Joseph	Heather	Jeffrey	Cynthia

17 간단한 의문을 나타낼 때

Yes, It does.
예스 잇 더즈

Looks like fun, doesn't it?
룩스 라익 펀 더즌 잇

간단한 의문을 나타낼 때 가장 쉬운 방법은 '부가의문문'을 사용하는 것입니다. '부가의문문'이란 평서문으로 말을 꺼내고, 그 말에 대한 확인을 할 때 쓰는 의문문 형태입니다. "내말이 맞지요, 그렇죠?"식의 우리말 표현법과 동일합니다. 앞문장이 긍정이면 부정으로 묻고, 앞문장이 부정이면 긍정으로 묻는 것에 주의하여 다음 표현들을 연습해 봅시다.

Basic Expressions

♦ 날씨가 지독하지요?

Dreadful weather, isn't it?
드레드풀 웨더ㄹ   이즌 잇

♦ 그거 봤죠?

You saw it, didn't you?
유 쏘우 잇   디든츄

♦ 내 말이 맞죠, 그렇죠?

I'm right, am I not?
아임 롸잇   앰 아이 낫

♦ 재미있을 것 같지 않아요?

Looks like fun, doesn't it?
룩스 라익 풘   더즌 잇

♦ 차와 커피 중 어떤 걸 좋아하세요?

Which would you prefer, tea or coffee?
위치 우쥬 프리풔ㄹ   티 오-ㄹ 커피

♦ 흡연석을 원하십니까? 아니면 금연석을 원하십니까?

Do you want smoking or non-smoking section?
두 유 원ㅌ 스모우킹 오-ㄹ 넌 스모우킹 섹션

♦ 영화 좋아하지 않으세요?

Don't you like movies?
돈츄 라익 무비즈

 ~할 거죠?

~, won't you?

〈긍정 + 부정 패턴〉

A : You'll go to the concert, won't you?
유윌 고우 투 더 콘서ㄹ트   원츄
콘서트에 갈 거죠?

B : Yes, I will. / No, I won't.
예스 아이 윌   노우 아이 원ㅌ
예. 갈 겁니다. / 아뇨. 가지 않을 겁니다.

〈부정 + 긍정 패턴〉

A : You won't go to the concert, will you?
유 원ㅌ 고우 투 더 콘서ㄹ트   윌 유
콘서트에 가지 않을 거죠?

B : Yes, I will. / No, I won't.
예스 아이 윌   노우 아이 원ㅌ
아뇨. 갈 겁니다. / 예. 가지 않을 겁니다.

부가의문에 대한 대답은 혼동하기 쉬우므로 주의해야 합니다. 질문 형태가 <긍정 + 부정>이든 <부정 + 긍정>이든 관계없이 대답의 내용이 긍정이면 Yes, ~, 부정이면 No, ~.입니다. 우리말식으로 Yes, I won't.나 No, I will. 등으로 대답하지 않도록 주의해야 합니다. 내용에 확신이 없거나 의문을 포함하는 부가의문은 말끝을 올리며, 말끝을 내리는 경우는 내용에 확신이 있고 확인하는 느낌이 됩니다.

평서문의 말끝을 올려서 의문을 나타낸다.

- **You like this song? (↗)**
  유 라익 디스 송
  이 노래 좋아해요?

- **You understand what I mean? (↗)**
  유 언더ㄹ스탠 왓 아이 민
  내가 말하는 것을 알겠어요?

평서문을 말끝을 올려서 말하면 간단히 의문을 나타낼 수 있습니다. 이것은 우리말에서도 같습니다. 또한 Chocolate? (↗) 등으로 말끝을 올려서 말하면「초콜릿 어때?」라고 권하는 표현이 됩니다. 이와 비슷한 표현으로 평서문 뒤에 (is that) right? 또는 huh? 등을 붙여 의문을 나타낼 수 있으며 이것을 확인하는 느낌이 있는 표현이 됩니다.

- **Pizza is your choice, is that right?**
  피자가 당신 주문 맞지요?

- **Jane is a great pianist, do you think so?**
  제인은 훌륭한 피아니스트죠, 그렇게 생각하죠?

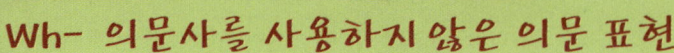
Wh- 의문사를 사용하지 않은 의문 표현

- **May I have your name?**
  메아이 해브 유어ㄹ 네임
  성함이 어떻게 됩니까?

→ **What's your name?**
  왓츠 유어ㄹ 네임

- **Do you know where the CD shop is?**
  두 유 노우 웨어ㄹ 더 씨-디- 샵 이즈
  CD가게는 어디에 있습니까?

→ **Where is the CD shop?**
  웨어ㄹ 이즈 더 씨-디- 샵

상대의 이름을 물을 때에 What's your name?이라고 하면 업무상의 질문처럼 무뚝뚝하게 들립니다. 한국인이 영어를 하는 경우에 자주 지적되는 점입니다. 이럴 때 May I have your name, please?라고 하면 부드럽게 묻는 표현이 됩니다. Where is the CD shop? 보다는 Do you know where the CD shop is?라고 묻는 경우도 마찬가지입니다.

별칭 / 애칭

영어 이름에는 여러 가지 애칭이 있습니다.

애칭	정식 이름
Jenny, Jennie, Jen (여)	Jennifer
Kay, Kit, Kitty (여)	Kate, Kathie, Kathy, Katie, Katharine, Kathryn
Lucy (여)	Lucil, Lucinda
Chris (여)	Christina, Christine
Chirs (남)	Christopher
Jim, Jimmy, Jimmie (남)	James
Ben (남)	Benjamin
Bill (남)	William
Bob (남)	Robert

무명 씨는 영어에도 있습니다.

우리나라에서 이름을 모르는 사람을 「모 씨」 또는 「무명 씨」라고 하거나 서류에는 가명으로 「김모」 또는 「이모」 등을 쓰는데 영어에도 이것과 같은 말이 있습니다. 남성에게는 John Doe, 여성에게는 Jane Doe wo를 씁니다. 영화나 소설 등에 자주 나오므로 꼭 알아두세요.

18 활기차게 대화할 때

What did you say just now?
왓 디쥬 쎄이 저슷 나우

Umm...
음 ....

외국인과 대화를 할 때는 자신의 의견을 just나 only를 사용하여 자연스럽게 표현할 수 있습니다. 또한 a little이나 just 등으로 표현을 부드럽게 할 수도 있습니다. 대부분의 외국인은 자신의 의견을 애매하게 얘기하지 않고 확실하게 표현하므로 우리도 대화할 때 quite, totally 등을 이용하여 의견을 분명하게 얘기해야 합니다.

Basic Expressions

◆ 이건 바로 제가 갖고 싶었던 거예요.

This is just what I wanted.
디스 이즈 저슷 와라이 원티드

◆ 잠시 실례하겠습니다. 금방 돌아오겠습니다.

Excuse me for(just) a moment. I'll be back soon.
익스큐즈 미 풔ㄹ(저슷) 어 모우먼ㅌ   아월 비 백 순-

◆ 방금 뭐라고 말씀하셨죠?

What did you say just now?
왓 디쥬 쎄이 저슷 나우

◆ 유감스럽지만, 그건 사실입니다.

It is only too true.
잇 이즈 오운리 투- 트루

◆ 단지 제 탓이죠.

I can only blame myself.
아이 캔 오운리 블레임 마이셀ㅍ

◆ 정말 환영합니다.

You're quite welcome.
유아ㄹ 콰잇 웰컴

◆ 분명 만족하실 겁니다.

I'm sure you'll be pleased with this.
아임 슈어ㄹ 유월 비 플리즈드 위ㄷ 디스

 바로, 틀림없이, 이제 방금

just

A : Are you free?
아르 유 프리
지금 시간 있어요?

B : I'm busy just now.
아임 비지 저슷 나우
지금 당장은 아주 바쁩니다.

A : Did you find a raccoon?
디쥬 퐈인더 라쿤-
너구리 봤어요?

B : Yes, just over there.
예스 저슷 오우버ㄹ 데어ㄹ
예, 바로 저쪽에서요.

A : My video camera didn't work.
마이 비디오우 캐머러 디든 워ㄹ크
비디오카메라가 고장 났어요.

B : Wait, it just might work.
웨잇   잇 저슷 마잇 워ㄹ크
기다려 봐요. 곧 작동할지도 모르니까요.

just는 「바로, 틀림없이, 꼭」의 의미 외에 이와 같이 「이제 방금, 겨우」라는 의미로도 쓰입니다. just를 사용한 것만으로도 생생한 표현을 할 수 있습니다. 또한 명령형에 써서 의미를 부드럽게 합니다.

- (Wait) Just a moment, please.　　잠깐만 기다려 주십시오.
- Just have a look at this.　　잠깐 이걸 봐 주세요.

그냥, 바로

only

A : What are you saying?
왓 아ㄹ 유 쎄잉
뭐라고 하는 거예요?

B : I was only joking.
아이 워즈 오운리 조킹
그냥 농담이었어요.

A : When did you see Chulsu lately?
웬 디쥬 씨 철수 레잇리
최근 언제 철수를 만났어요?

B : I saw him only yesterday.
아이 쏘우 힘 오운리 예스터ㄹ데이
바로 어제 만났어요.

간단히 I was joking.이라고 하지 않고 only를 덧붙이면 의도하고 말한 게 아니라 「무심코 입에서 나온」이라는 느낌이 있는 부드러운 말이 됩니다. 두 번째 대화에서는 최근이라는 점을 강조하기 위해 only를 사용한 것입니다.

상당히 / 전적으로

quite / totally

A : How did you find my homework this time?
하우 디쥬 퐈인 마이 호움워ㄹ크 디스 타임
이번 내 숙제는 어때요?

B : Quite satisfactory.
콰잇 쌔리스팩터리
상당히 잘 되었어요.

A : What's your opinion?
왓츠 유어ㄹ 오피니언
당신 의견은 어때요?

B : I totally agree with you.
아이 토럴리 어그리 위듀
전적으로 동감입니다.

---

quite, totally는 모두 화자의 의견을 강조하는 말입니다. 이 외에 sure, certainly, right, old 등이 있습니다.

- I'm sure I paid the fee.   틀림없이 요금을 지불했습니다.
- He will certainly be here.   그는 반드시 여기에 올 겁니다.
- I'll be right there.   곧 가겠습니다.
- We had a fine old time.   매우 즐겁게 지냈습니다.

 의성어

의성어 중 사람이 내는 소리에 관한 것을 소개하면 다음과 같습니다.

놀람 / 불쾌한 기분	aw, oh
지루할 때	oh well, ho hum
고통스러운 소리	ouch, ow
큰 웃음소리	guffaw, heehaw, ha-ha-fa, har-har-har
딸꾹질	hiccup, hic
트림	burp
기침	ahem, hem
놀람	ulk, erp, yipe, yike
기침	coff-coff
재채기	achoo, kachoo
탄식	sigh
감동	ho, ha
조용히!	shhh, hush, shush

19 날짜와 시간을 말할 때

시각, 요일, 연월일 등의 때에 관한 표현은 일상생활에서 언제 어디서든지 입에서 바로 나올 수 있도록 익혀두어야 합니다. 시간을 물을 때는 What time is it now?(지금 몇 시죠?), 요일을 물을 때는 What day is it today?(오늘이 무슨 요일이죠?), 날짜를 물을 때는 What date is it today?(오늘은 며칠이죠?), 월을 물을 때는 What month is it?(몇 월이죠?)이라고 하면 됩니다.

Basic Expressions

◆ 지금 몇 시죠?

What time is it now?
왓 타임 이짓 나우

◆ 정확히 몇 시입니까?

What's the exact time?
왓츠 디 이그젝 타임

◆ 오늘이 며칠이죠?

What's the date today?
왓츠 더 데잇 터데이

◆ 오늘이 무슨 날이죠?

What's the occasion?
왓츠 디 어케이젼

◆ 오늘이 무슨 요일이죠?

What day is it today?
왓 데이 이짓 터데이

◆ 몇 월이죠?

What month is it?
왓 먼스 이짓

◆ 올해는 몇 년도 입니까?

What year is this?
왓 이어ㄹ 이즈 디스

 시각

at

A : When are you coming here?
웬 아르 유 커밍 히어르
언제 여기에 올 겁니까?

B : I'll be there at 8.
아월 비 데어르 앳 에잇
8시에 그곳에 가겠습니다.

이와 같이 몇 시 몇 분이라는 시각 표현에 사용하는 전치사가 at 입니다. 아침, 점심, 저녁이라는 시간대 표현에도 at midnight, at lunchtime 등으로 at을 사용합니다. 또한 경축일을 나타내는 경우에도 at Christmas처럼 at을 씁니다.

- We must go home at Christmas.
  크리스마스에는 집에 돌아가야 합니다.

at을 by로 바꾸면 「~까지」라는 의미가 됩니다.

- I'll be there by 8.
  8시까지는 그곳에 가겠습니다.

요일과 날짜

on

- We got married on March 12th.
  위 갓 매리드 안 마르치 트웰브스
  우리는 5월 12일에 결혼했습다.

- I'll see you again on the 19th.
  아윌 씨 유 어겐 안 더 나인틴스
  19일에 또 만나요.

- I'm off on Fridays.
  아임 어프 안 프라이데이즈
  매주 금요일은 비번입니다.

이처럼 날짜나 요일을 표현하는 데 쓰는 것이 on입니다. 또한 on Friday morning, on Sunday afternoon, on weekends, on the 10th evening처럼 일정한 요일, 하루의 특정한 시간대를 나타낼 때에도 on을 씁니다. 경축일을 나타낼 때 on을 이용하는 경우에는 on Christmas Day로 가능하므로 on Christmas로 하지 않도록 주의해야 합니다.

긴 기간

in

- **I learned to drive in four weeks.**
  아이 런드 투 드라이브 인 풔ㄹ 윅스
  4주 동안에 운전을 배웠습니다.

- **We got married in 1970.**
  위 갓 매리드 인 나인틴 쎄븐티
  1970년에 결혼했습니다.

이처럼 주, 월, 년, 계절 등을 나타낼 때 쓰는 것이 in입니다. on과 비교하면 날수가 많거나 오랜 기간이라는 것을 알 수 있습니다. 또한 in the morning, in the afternoon, in the evening처럼 날 또는 요일이 붙지 않을 때의 시간대에도 in을 쓰므로 혼동하지 않도록 주의합시다. 지금까지 at, on, in을 살펴보았지만 또 하나 중요한 것이 있습니다. next Friday, last month처럼 this, next, last 앞에는 at, on, in을 붙이지 않습니다.

- **I have an appointment this evening.**
  오늘 저녁에 약속이 있습니다.

시간을 말하는 법

7시 20분	seven twenty
오전 9시 9분	nine oh nine a.m. (시간을 나타내는 경우, 0은 oh로 읽습니다.)
6시 정각	**sharp six (o'clock)** 또는 **exactly six (o'clock)** (o'clock은 생략할 때가 많습니다.)
10시 15분	**quarter after ten** 〈미〉 **quarter past ten** 〈영〉
11시 10분전	**ten of (또는 before) eleven** 〈미〉 **ten to eleven** 〈영〉 (15분은 quarter, 30분은 half, 45분은 three quarters라고 합니다.)

연도를 읽는 법

1998년	**nineteen ninety-eight** (2자리씩 끊어서 읽습니다.)
2009년	**two thousand nine**
1997년 6월 9일	**June ninth 1997** 〈미〉 쓰는 법 – June 9, 1997 (또는 6 / 9 / 97) **Nine June 1997** 〈영〉 쓰는 법 – 9 June 1997 (또는 9 / 6 / 97)

20. 장소를 말할 때

> **This is for you.**
> 디스 이즈 풔r 유
> **I bought it in New York.**
> 아이 보웃 잇 인 뉴요-r크

> **Really!**
> 뤼얼리

장소를 말할 때에는 보통 전치사를 사용하여 표현합니다. in은 넓은 장소, 예를 들면 나라 또는 도시 등에 쓰고, at은 좁은 장소에 씁니다. in은 「~안에」, out은 「~밖에」, on은 「위, 아래나 옆」 등 어떤 경우라도 면에 붙어 있을 때 쓰고, off는 「면에서 떨어져 있는 경우」에 씁니다. 이와 같이 장소를 나타내는 다양한 전치사의 쓰임을 예문을 통해 알아봅시다.

Basic Expressions

◆ 저는 한국에서 태어났으나 미국 시민권자입니다.

I was born in Korea. But, I'm a citizen of America.
아이 워즈 본 인 커리-어   벗   아임 어 씨리즌 어브 어메리카

◆ 미스터 김은 그 회사에서 어떻게 지내지요?

How is Mr. Kim doing in the company?
하우 이즈 미스터ㄹ 킴 두잉 인 더 컴퍼니

◆ 이거 받으세요. 뉴욕에서 샀어요.

This is for you. I bought it in New York.
디스 이즈 풔ㄹ 유   아이 보웃 잇 인 뉴요-ㄹ크

◆ 집에 무슨 일이 있으세요?

Do you have any trouble at home?
두 유 해브 에니 트러블 앳 호움

◆ 저희 집에 가서 한 잔 합시다.

Let's go have a drink at my place.
렛츠 고우 해버 드링ㅋ 앳 마이 플레이스

◆ 어디로 휴가를 가셨어요?

Where did you go on vacation?
웨어ㄹ 디쥬 고우 안 베이케이션

◆ 지금 텔레비전에서 무엇을 하죠?

What's on TV?
왓츠 안 티-븨-

183

넓은 장소, ~안에

in

- There is no one in the store.
  데어ㄹ 이즈 노우 원 인 더 스토어ㄹ
  그 가게 안에는 아무도 없다.

- When we were in Italy, we spent a few days in Venice.
  웬 위 워ㄹ 인 이털리   위 스펜트 어 퓨 데이즈 인 베니스
  이태리에 갔을 때, 베니스에서 며칠 있었다.

- What do you have in your mouth?
  왓 두 유 해브 인 유어ㄹ 마우스
  입안에 무얼 물고 있니?

- When I go to the movies, I prefer to sit in the front row.
  웬 아이 고우 투 더 무비즈   아이 프리풔ㄹ 투 씻 인 더 프런트 로우
  내가 극장에 갈 때, 난 앞자리에 앉는 걸 좋아한다.

비교적 넓은 장소나 「안」을 나타낼 때에는 in을 씁니다. 또한 사진이나 그림 속(in a photograph, in a picture) 또는 신문의 지면(in a newspaper), 거울 속(in a mirror)에도 in을 사용합니다.

- Who is the girl in this photograph?
  이 사진 속의 여자는 누구죠?

좁은 장소

at

- A stranger is standing at the door.
  어 스트레인저ㄹ 이즈 스탠딩 앳 더 도어ㄹ
  낯선 사람이 문에 서 있다.

- Turn left at the traffic light.
  턴 레프트 앳 더 트래픽 라잇
  신호등에서 왼쪽으로 도세요.

- Write your name at the bottom of the page.
  롸잇 유어ㄹ 네임 앳 더 바텀 어브 더 페이지
  종이 아래에 이름을 써 주십시오.

- My house is the white one at the end of the street.
  마이 하우스 이즈 더 와잇 원 앳 디 엔 어ㅂ 더 스트릿
  우리 집은 거리 끝에 있는 하얀 집이다.

- I saw Jack at the football game yesterday.
  아이 쏘우 잭 앳 더 풋볼 게임 예스터ㄹ데이
  어제 축구장에서 잭을 만났다.

비교적 좁은 장소나 회의장, 행사를 나타내는 경우에는 at을 씁니다.

특정한 장소

on

- **There is a butterfly on the wall.**
  데어ㄹ 이즈 어 버러ㄹ플라이 안 더 월
  벽에 나비가 있다.

- **London is on the river Thames.**
  런던 이즈 안 더 리버ㄹ 템즈
  런던은 템즈 강변에 있다.

- **Don't sit on the grass.**
  돈 씻 안 더 그래스
  잔디 위에 앉지 마세요.

- **A cat is lying on the chair.**
  어 캣 이즈 라잉 안 더 체어ㄹ
  고양이가 의자 위에서 자고 있다.

on은 특정한 장소에「접촉해」있는 것을 나타냅니다. 반드시「위」를 의미하지는 않습니다. 주의할 점은 corner를 쓸 때입니다. 방인 경우는 in a corner of a room, 거리인 경우는 at[on] the corner of the street이 됩니다. 전치사는 실제로 회화를 하면서 하나씩 알아가는 것이 바람직합니다.

스포츠 숫자에 관한 표현

15 대 10	fifteen to ten 〈구어에서는 to를 생략할 때가 많습니다.〉
15 대 0	fifteen to nothing 〈야구〉 fifteen love 〈테니스〉
2점차 리드	lead by two
4 대 4 〈동점〉	four all draw
10승 5패의 성적	the record of ten five
8회 초 / 말 〈야구〉	the top / bottom of 8th (inning)
3할 2푼 1리 〈야구 타율〉	three twenty-one / three two one
5번 타자 〈야구〉	the 5th hitter 〈3번 타자 clean-up hitter〉
제8라운드 〈골프나 복싱〉	the 8th (round)
7번 아이언 〈골프〉	No. seven iron 또는 seven-iron
파 5의 7번 홀 〈골프〉	the par-five 7th (hole)
100점을 깨다 〈골프〉	break 100
40 대 15 〈테니스〉	forty-fifteen
3번째 골 〈농구나 축구〉	the third goal

21 권유할 때

May I take you to dinner tomorrow?
메아이 테이큐 투 디너ㄹ 터마로우

Great!
그뤠잇

상대방에게 뭔가를 권유하거나 제안할 때는 「Let's + 동사원형 ~.(~합시다.)」 또는 Why don't you ~?(~하는 게 어때요?) / How about ~?(~하는 게 어때요?) / Would you like to ~?(~하시겠어요?) / Shell we ~?(~할까요?) 등의 문형을 사용합니다. 일단 권유를 받았다면 Thank you for asking me.(권유해 줘서 고마워요.)라고 감사의 뜻을 전하든가, 아니면 I'm sorry.(아쉽지만.)라고 합니다.

188

Basic Expressions

◆ 괜찮다면 같이 가시죠?

You're welcome to join us, if you want.
유아ㄹ 웰컴 투 조인 어스   이퓨 원트

◆ 커피 한 잔 드시겠어요?

Would you like a cup of coffee?
우쥬 라이커 컵 어ㅂ 커피

◆ 내일 저녁 식사나 같이 하시겠어요?

May I take you to dinner tomorrow?
메아이 테이큐 투 디너ㄹ 터마로우

◆ 맥주 한 잔 하시겠어요?

Would you like a glass of beer?
우쥬 라이커 글래스 어ㅂ 비어ㄹ

◆ 오늘밤 쇼를 보러 가지 않겠어요?

How about going to a show tonight?
하우 어바웃 고우잉 투 어 쇼우 터나잇

◆ 좋습니다.

O.K.
오우케이

◆ 네, 그렇게 하겠습니다.

Yes, I'd love to.
예스   아이드 러브 투

~하지 않겠습니까?

Would you like to ~?

A : Would you like to join me for a coffee?
우쥬 라익 투 조인 미 풔러 커피
커피 한 잔 함께 하지 않겠습니까?

B : Sure. I'd love to.
슈어ㄹ 아이드 러브 투
예. 좋아요.

Would you like to ~?는 권유표현으로「~하지 않겠습니까?, ~하는 것은 어때요?」라는 의미입니다. 정중히 권유할 때는 Do you want to ~? 보다 Would you like to ~?를 쓰는 것이 좋습니다. 이와 같은 표현으로 Won't you ~?가 있습니다. 이 표현은 Would you like to ~?보다 친한 사이에 씁니다. 또한 Would you care for a coffee?도 정중한 권유표현입니다.

~합시다.

Let's ~.

A : What CD shall we listen to next?
왓 씨디 쉘 위 리슨 투 넥스트
다음에 무슨 CD를 들을까?

B : Let's listen to the Carpenters.
렛츠 리슨 투 더 카ㄹ펜터ㄹ즈
카펜터즈를 들읍시다.

A : Sounds good.
사운즈 굿
좋아요.

Let's ~.는 Let us ~.의 단축형이지만 권유표현으로는 보통 단축형으로 Let's ~.가 됩니다. 「Let's + 동사원형」의 형으로 사용합니다.

- Let's have a lunch.   점심 식사 합시다.

~하는 게 어때요?

Why don't you ~?

A : Why don't you take a bus?
와이 돈츄 테이커 버스
버스를 타는 게 어때요?

B : Thank you, but I'll take a train. It's much faster.
쌩큐   벗 아윌 테이커 트뤠인   잇츠 머치 풰스터ㄹ
고마워요. 그런데 열차로 갈게요. 그쪽이 더 빨라요.

권유표현으로 Why don't you ~?가 있습니다. 이것은 글자대로 하면「왜, 당신은 ~하지 않습니까?」라는 의미이지만,「~하면 어때요?」라는 권유의 의미로 폭넓게 쓰이고 있습니다. Why don't we ~?도「~하자.」라는 의미로 Let's ~.와 같은 의미의 권유표현입니다.

- Why don't we rest a little more?   좀 더 쉽시다.

📎 거리에서 볼 수 있는 표시

외국의 거리에서 볼 수 있는 표시의 대표적인 것을 들어 보았습니다. 이런 것에서도 영어다운 발상이나 표현을 알 수 있습니다.

BUSINESS HOURS	영업시간
(WE ARE) OPEN / CLOSED	영업중 개점 / 폐점, 폐관
BUSINESS AS USUAL	평소대로 영업
NOT FOR SALE	비매품
NOW SHOWING	상연[상영]중
NEXT ATTRACTION	다음회 상연[상영]
HOUSE FULL	만원, 만석
NO ADMITTANCE, KEEP OUT, NO ENTRANCE	출입금지
PRIVATE, STAFF[EMPLOYEE] ONLY	관계자[종업원]외 출입금지
FLUSH AFTER USE	사용후 물을 내려 주십시오 〈화장실〉
LOST AND FOUND	분실물 취급소
WATCH YOUR BELONGINGS	휴대품 주의
BE AWARE OF THEFT	소매치기 주의
WATCH YOUR STEPS	보행주의
OUT OF ORDER	고장
NO LITTERING	쓰레기 투여 금지

22 제안·조언할 때

Let's call it a day.
렛츠 콜 이러 데이

OK.
오우케이

제안과 조언할 때 주로 쓰이는 had better는 명령이나 강제에 가까운 표현이므로 손윗사람에게는 쓰지 않는 것이 좋습니다. 따라서 「~하는 게 좋습니다」에 해당하는 should나 ought to를 사용하는 것이 일반적입니다. You might as well ~.(~하는 것도 좋지 않을까요?)은 위의 것보다는 완곡한 표현입니다. I don't think you ought to ~.는 「~하지 않는 게 좋겠어요.」의 의미를 나타내는 자연스런 표현입니다.

Basic Expressions

♦ 이제 그만 합시다.

Let's beat it.
렛츠 비릿

♦ 오늘은 이만 합시다.

Let's call it a day.
렛츠 콜 이러 데이

♦ 기분전환 겸 산책이나 합시다.

Let's go for a walk for a change.
렛츠 고우 풔러 웍 풔러 체인지

♦ 잊지 말고 기억하세요.

Keep that in mind.
킵 대린 마인드

♦ 쉬는 게 좋지 않겠어요?

Why don't you stay in bed?
와이 돈츄 스테이 인 베드

♦ 일찍 자고 일찍 일어나는 게 좋아요.

You'd better keep early hours.
유드 베러ㄹ 킵 어ㄹ리 아우어ㄹ즈

♦ 조언을 해 주셔서 감사합니다.

Thank you for the tip.
쌩큐 풔ㄹ 더 팁

~하는 게 좋겠어요.

You should ~.

A : You've been coughing a lot lately.
유브 빈 커핑 어 랏 레잇리
요즘 기침을 많이 하는군요.

You should stop smoking.
유 슈드 스탑 스모우킹
금연하는 게 좋겠어요.

B : Thank you so much.
쌩큐 쏘 머치
고마워요.

일상회화에서는 조언하는 표현으로 You should ~.가 흔히 쓰입니다. should는「~해야 한다」라고 해석하는 사람이 많지만 실제로 should는 제안하는 뉘앙스이며 특히 미국 영어에서 많이 쓰입니다. 학교에서 배운 제안 표현으로 had better가 있지만 이것은 must에 가까운 강제적인 느낌이 강해서 권유표현에는 적절하지 않습니다.

~은 어떤가요?

I recommend ~.

A : What would you like for breakfast?
왓 우쥬 라익 풔ㄹ 브렉퍼스트
아침 식사는 무얼 드시겠어요?

B : I can't decide. What do you recommend?
아이 캔ㅌ 디사이드   왓 두 유 레커맨ㄷ
결정할 수 없군요. 권해줄 것이 있어요?

A : I recommend our pancakes.
아이 레커맨ㄷ 아우어ㄹ 팬케익스
팬케이크는 어떤가요?

B : They are very tasty.
데이 아ㄹ 베리 테이스티
대단히 맛있어요.

---

recommend는 「~을 추천하다, 권하다」의 의미이며 suggest 「제안하다」로 바꿀 수 있습니다. 또한 I recommend (that) you ~. 또는 I suggest (that) you ~.라는 어법으로도 쓸 수 있습니다. 이처럼 뒤에 절(주어 + 동사)이 올 때는 절의 주어가 2인칭이든 3인칭이든 항상 동사는 원형을 쓴다는 점에 주의합시다.

- I suggest (that) she take a vacation.
    그녀는 휴가를 가지는 편이 좋다.

I advise you to ~.도 같은 의미의 표현입니다.

- I advise you to stay at home.
    당신은 집에 있는 것이 좋아요.
    (동사 advise와 명사 advice는 철자와 발음이 다른 점에 주의할 것)

~하지 그래요?

Why don't you ~?

A : You look blue.
유 룩 블루-
안색이 좋지 않군요.

Why don't you go to the doctor?
와이 돈츄 고우 투 더 닥터ㄹ
의사에게 가보지 그러세요?

B : Thank you, but I'm not really sick.
쌩큐   벗 아임 낫 뤼얼리 씩
고맙지만 진찰받을 정도로 아프지는 않아요.

Why don't you ~?는 제안 또는 조언할 때 이용하는 표현입니다.
Why not ~?도 같은 의미로 자주 쓰입니다.

· **Why not go and see the doctor?**
의사에게 가서 진찰받지 그래요?

Column

「합중국」이란 어떤 의미일까요?

미합중국을 영어로 표기하면 The United States of America가 됩니다. 「합쳐진 주(state)가 아메리카라는 곳에 있다」라는 의미입니다.

독립성을 가진 50개 공화국으로 구성된 연합체로 생각하면 쉬울 것입니다. 각 주는 독자적인 법률은 물론 독자적인 행정부와 주 경찰(state police)도 있고 주 군대(state military)까지 있습니다. 하나의 사건에 주 경찰과 연방 경찰이 함께 출동해서 분쟁이 일어나는 경우도 있습니다.

세율도 주에 따라 다릅니다. 판매세(sales tax)를 부과하는 주도 많이 있어서 세율이 싼 인근의 주까지 식료품을 사러 가는 일도 드물지 않습니다.

또한 교통법규 등 실생활 면에서도 주마다 서로 다릅니다. 예를 들면 적신호에도 차를 우회전할 수 있는 주와 할 수 없는 주가 있습니다 (그러나 차의 우측통행은 전국 공통). 또한 휴일도 전국이 쉬게 되는 연방 경축일 외에 각 주마다 특정한 경축일을 기념하기도 합니다.

찬성·반대할 때

서구인은 자신의 의견을 애매하게 대답하지 않고 분명하게 나타내는 편입니다. I agree with you.(동의합니다.) 또는 I think so.(저도 그렇게 생각합니다.) 등은 상대방의 의견에 동의하거나 찬성할 때 쓰이는 기본적인 표현이며, 반대로 상대방의 의견에 동의하지 않거나 반대할 때 기본적으로 쓰이는 표현은 I'm against.(저는 그것에 반대합니다.) 또는 I don't think so.(저는 그렇게 생각하지 않습니다.) 등이 있습니다.

Basic Expressions

♦ 찬성하시는 분은 손을 들어 주십시오.

Those in favor, raise your hands, please.
도우즈 인 페이버ㄹ 뤠이즈 유어ㄹ 핸즈 플리즈

♦ 찬성합니다.

I'll buy that.
아윌 바이 댓

♦ 당신의 모든 의견에 찬성입니다.

I agree with you in all your views.
아이 어그리 위듀 인 올 유어ㄹ 뷰즈

♦ 그 계획에 반대합니다.

I'm opposed to the plan.
아임 어포우즈드 투 더 플랜

♦ 그건 절대 반대입니다.

I'm absolutely against it.
아임 앱솔룻리 어겐스트 잇

♦ 뭐라 말할 수 없군요.

It's hard to say.
잇츠 하ㄹ드 투 쎄이

♦ 무슨 말씀인지는 알겠습니다만, ….

I see what you mean, but ….
아이 씨 왓 츄 민 벗

 좋은 생각이군요.

That's a good idea.

- That's a good idea. / Great idea.
  댓츠 어 굿 아이디어   그뤠잇 아이디어

  That's fine. / Fine. / Great.
  댓츠 퐈인   퐈인   그뤠잇

  좋은 생각이군요.

- You are right. / That's right. 맞아요.
  유 아르 롸잇   댓츠 롸잇

  That's true. / That's correct.
  댓츠 트루-   댓츠 콜렉트

- Sure. 그러죠.
  슈어르

- I agree with you. 동감입니다.
  아이 어그리 위듀

- I think so. 그렇게 생각합니다.
  아이 씽 쏘

- All right. / O.K. / Okay. 좋아요.
  올 롸잇   오우케이 오우케이

이 표현은 우리말의 「좋아요」에 해당되는 말입니다. 동의하는 정도에 따라 I suppose ~. I think ~. 등을 앞에 붙여서 표현을 부드럽게 하는 것도 좋습니다.

- I suppose you are right.   그렇게 생각합니다.

전적으로 동감입니다.

I agree completely.

- **I agree completely.** 전적으로 동감입니다.
  아이 어그리 캄플릿리

- **I couldn't agree more.** 전적으로 그렇습니다.
  아이 쿠든 어그리 모어ㄹ

  I couldn't agree with you more.
  아이 쿠든 어그리 위듀 모어ㄹ

- **I totally agree with you.** 완전히 동의합니다.
  아이 토털리 어그리 위듀

- **(There is) No question about it.**
  (데어ㄹ 이즈) 노우 퀘스천 어바웃 잇
  의심할 여지가 없습니다.

- **You can say that again. / Say that. / You said it.**
  유 캔 쎄이 댓 어겐   쎄이 댓   유 쎄드 잇
  동감입니다.

- **Absolutely. / Exactly. / Definitely.** 맞습니다.
  앱솔룻리   이그잭틀리   데피닛리

- **Right on.** 이의 없어요. 〈구어〉
  롸잇 온

위의 표현들은 강한 동의를 나타냅니다. 일반적으로 한국인은 영어를 말할 때 소극적으로 표현한다고 하는 지적이 있지만, 강조하고 싶을 때는 강조하는 게 좋습니다.

유감스럽지만~

I'm afraid ~.

A : Can you come at one o'clock?
캔 유 컴 앳 원 어클락
1시에 올 수 있어요?

B : I'm afraid(, but) I can't.
아임 어프뤠이드 (벗) 아이 캔트
아뇨. 못 갈 것 같은데요.

Can you make it at two?
캔 유 메이킷 앳 투
2시면 어때요?

상대의 제안에 단지 I can't.라고 대답하는 것은 너무 당돌해서 좋은 인상을 주지 못합니다. 이럴 때에는 I'm afraid (but) I can't.와 같이 앞에 I'm afraid를 붙이면 부드럽게 거절하는 표현이 됩니다. sorry를 붙이면 더욱 부드러운 거절 표현이 됩니다.

· Sorry, I'm afraid I can't.

I see와 I understand의 차이

상대가 말한 것에 대해서「알겠어요..」라고 하는 표현에 I see.와 I understand.가 있습니다. 둘 다 자주 사용하는 표현이고 모두「이해하다」라는 의미이지만 see는「납득하다, 알다」라는 범위의 이해, understand는 단순히 머리로 이해하는 것뿐만 아니라 마음 속으로도「이해하다」라는 차이가 있습니다.

그러면 왜 understand(아래에 서다)가「이해하다」가 될까요? 우리 한국인은 농경민족이지만 영어권의 게르만 민족계의 앵글로 색슨은 수렵민족이었습니다. 전투 집단이 형성되고 당연히 리더가 생겨났습니다. 거기에는 어느 리더 아래에 서는가의 선택이 생깁니다. 리더의 마음을 이해하는 것이 강한 군대를 만들게 되는 것입니다.

즉,「리더 아래에 서다」가「이해하다」라는 의미로 된 것입니다. 이것이 understand의 어원입니다. 이렇게 말 하나에도 문화의 차이가 나타나 있습니다.

24. 화제를 바꿀 때

I've been meaning to ask you.
아이브 빈 미닝 투 애스큐

……

상대와의 대화가 항상 유쾌한 것만은 아닙니다. 때로는 재미가 없거나 별로 관심이 없는 이야기가 지루하게 계속될 때는 화제를 바꾸어 대화의 흐름을 잃지 않아야 합니다. 이럴 때는 Let's change the subject.(화제를 바꿉시다.), 또는 Let's talk about something else.(뭔가 다른 이야기를 합시다.)라고 합니다. 단, 중요한 이야기를 하고 있는데 화제를 바꾸려고 할 때는 Don't change the subject.(화제를 바꾸지 마세요.)라고 합니다.

Basic Expressions

◆ 말씀 도중에 죄송합니다만 ….

Sorry to interrupt, but ….
쏘리 투 인터럽트   벗

◆ 당신에게 말하고 싶은 게 있는데요.

Let me tell you something.
렛 미 텔 유 썸씽

◆ 전부터 물어 보려고 했어요.

I've been meaning to ask you.
아이브 빈 미닝 투 애스큐

◆ 이것은 당신과 나만의 이야기인데요.

This is between you and me.
디스 이즈 비트윈 유 앤 미

◆ 화제를 바꿉시다.

Let's change the subject.
렛츠 체인지 더 써브젝트

◆ 새로운 화제로 넘어갑시다.

Let's go on a new topic.
렛츠 고우 온 어 뉴 타픽

◆ 제가 말씀드리고자 하는 것은 ….

What I'm trying to say is ….
왓 아임 트라잉 투 쎄이 이즈

들어 보세요

Listen to this.

- **Listen to this, I won the first prize.**
  리슨 투 디스   아이 원 더 풔ㄹ스트 프라이즈
  들어보세요. 일등을 했어요.

- **I'll tell you what.**
  아윌 텔 유 왓
  말할 게 있는데요.

- **Why don't you call me tomorrow?**
  와이 돈츄 콜 미 터마로우
  내일 전화해 주지 않겠어요?

Listen to this.와 비슷한 표현으로 Listen to me.가 있습니다. 이것은 「들으세요, 말에 따르세요.」라고 하는 강한 뉘앙스로 사용합니다. 한편, I'll tell you what.은 「저, 그런데 / 말하고 싶은 게 있는데 / 사실을 말하면」 등 폭넓게 쓸 수 있는 표현입니다. 같은 의미로 Guess what?이 있습니다. 이것은 「저」라는 의미와 「알겠어요? / 어떻게 생각해요?」라는 의미로도 사용할 수 있는 표현입니다. 이 외에도 What do you think of this idea? 「이 생각 어때요?」 또는 You may not believe this, but ~.「믿지 못할지도 모르지만 ~.」, I've just got an idea. / I just thought of something. 「지금 막 한 가지가 생각났는데요.」 등도 알아두면 좋습니다.

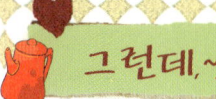
그런데, ~.

By the way, ~.

- To change the subject, have you decided to attend the summer camp?
  투 체인지 더 써브젝ㅌ   해뷰 디사이디드 투 어텐 더 썸머ㄹ 캠ㅍ
  화제를 바꿔서, 여름 캠프에 참가하기로 했어요?

To change the subject, ~. / Anyway, ~. / On another note ~.는 의도적으로 화제를 바꿀 때에 자주 사용하는 표현입니다. 이에 대해서 by the way는 대화중에 갑자기 무언가가 생각났을 때 사용하는 표현입니다.

- By the way, have you had lunch?
  그런데, 점심 식사 했어요?

아무에게도 말하지 마세요.

Don't tell anybody, but ~.

- **Don't tell anybody, but the manager is going to be transferred far away.**
  돈트 텔 에니바디 벗 더 매니저ㄹ 이즈 고우잉 투 비 트랜스풔ㄹ드 파ㄹ 어웨이
  아무에게도 말하지 말아요. 과장님이 멀리 전근 갈 거래요.

- **This is a secret, but I forgot her name and panicked.**
  디스 이즈 어 씨크릿 벗 아이 풔ㄹ갓 허ㄹ 네임 앤 패닉트
  비밀이지만 그녀의 이름을 잊어버려서 당황했어요.

- **Just between us, I'm the one who broke it.**
  저숫 비트윈 어스 아임 더 원 후 브로우 킷
  우리 둘 사이의 이야기인데요. 그것을 부순 건 접니다.

Don't tell anybody, but ~.은 「아무에게도 말하지 마세요」, This is a secret, but ~.은 「비밀이야기지만」이라는 뜻으로 모두 but ~이 붙습니다. 한편 just between us ~는 「우리 사이의 이야기인데」라는 의미에서 비밀 이야기를 하는 표현이 되었습니다.

미국 주의 별명

미국의 주에는 지역의 특징을 나타내는 별명이 있습니다.

미국의 주	별명	미국의 주	별명
Missouri 미주리	**Show Me State** 미주리 사람들은 「증거를 보지 않고서는 믿지 않는다」고 한다	**Alaska** 알래스카	**Last Frontier State** 개척시대의 최후의 주
California 캘리포니아	**Golden State** 과거 금광이 있어서	**Florida** 플로리다	**Sunshine State** 항상 햇볕이 비추기 때문에
Hawaii 하와이	**Aloha State** 인사 「알로하」에서	**Kansas** 캔자스	**Sunflower State** 주의 꽃이 해바라기
Alabama 앨라배마	**Cotton State** 면화의 명산지	**Nevada** 네바다	**Silver State** 옛날에 광산이 있어서
South Dakota 사우스 다코타	**Coyote State** 옛날 코요테가 많이 살고 있어서	**West Virginia** 웨스트 버지니아	**Mountain State** 산이 많아서

25 기쁨·만족을 나타낼 때

I've never been happier in my life.
아이브 네버ㄹ 빈 해피어ㄹ 인 마이 라이프

서구인들은 동양인에 비해 감정표현이 풍부한 편입니다. 언제 어디서나 자신의 감정을 솔직하고 대담하게 표현합니다. 또한 우리말에서는 그다지 직접적으로 기쁨이나 즐거움을 표현하지 않지만, 영어에서는 I'm so pleased.(나는 정말 기쁘다.) 등처럼 분명하게 자신의 감정을 상대에게 전합니다. 경치나 그림 등을 보고 그 기쁨을 표현할 경우에는 Oh, that's beautiful!(와, 아름답군요!) / That's wonderful!(멋지군요!) 등으로 말합니다.

Basic Expressions

◆ 즐거워요.

I'm having fun.
아임 해빙 풘

◆ 정말 즐거워요!

What a lark!
와러 라ㄹ크

◆ 즐거운 시간을 보냈습니다.

I had the good time of my life.
아이 해드 더 굿 타임 어ㅂ 마이 라이ㅍ

◆ 제 생애에 이보다 더 기쁜 적이 없었어요.

I've never been happier in my life.
아이브 네버ㄹ 빈 해피어ㄹ 인 마이 라이ㅍ

◆ 그거 반가운 소식이군요.

That's good news.
댓츠 굿 뉴-즈

◆ 이렇게 좋을 수가!

Talk about luck!
톡 어바웃 럭

◆ 너무 행복해요.

I'm very happy.
아임 베리 해피

213

~해서 기쁘다

be pleased to ~

A : What are you so happy about?
왓 아르 유 쏘 해피 어바웃
뭐가 그렇게 즐거워요?

B : I saw a marvelous movie.
아이 쏘우 어 마르블러스 무비
굉장한 영화를 봤어요.

happy는 기쁨·행복의 의미를 나타내는 가장 기본적인 표현으로 여러 가지 다양한 용법이 있습니다. 이외에「행복, 유쾌함, 즐거움」을 나타내는 말로는 delighted, pleased, glad가 있습니다. be delighted ~는「~을 기뻐하다」라는 의미로 pleased 보다 강한 기쁨을 나타내며, 모두 일시적인 기쁨·즐거움을 의미합니다.

· I'm so delighted to be with you.
당신과 함께 있어서 기쁩니다.

be glad ~는「~을 기쁘게 생각하다, 만족하다」라는 의미로 사용됩니다.

· I'm glad that you are here. 와 주셔서 기쁘게 생각합니다.

be pleased to ~는「~해서 기쁘다」라는 표현으로 만족감도 나타내고 있습니다.

· I'm pleased to hear of her marriage.
그녀의 결혼 소식을 들으니 기쁘군요.

운 좋은 사람이군!

Happy man!

- **I was lucky enough to find the key here.**
  아이 워즈 럭키 이너프 투 퐈인 더 키 히어ㄹ
  여기에서 열쇠를 찾게 된 것은 행운이었어요.

- **It was happy chance that I found the book.**
  잇 워즈 해피 챈스 댓 아이 퐈운 더 북
  그 책을 찾게 되어서 매우 다행이었습니다.

- **I'm fortunate to have such an opportunity.**
  아임 풔ㄹ추닛 투 해브 써치 언 아퍼ㄹ튜너티
  그와 같은 기회를 가져서 행운입니다.

luck은 일반적으로 운이 좋다는 의미의 격의 없는 말로 폭넓게 쓰이고 있습니다. happy는 행복함, 만족감을 포함하는 행운을 의미합니다. 그러므로 Happy man!은 「운 좋은 사람이군!」이라는 의미입니다. fortunate은 lucky보다 영속적이고 그 행운 덕택으로 일이 잘 되고 있다는 것을 의미합니다. 가벼운 일뿐만 아니라 중요한 일에도 쓰입니다.

~에 만족하다

be gratified with ~

- **She is gratified with her present husband.**
  쉬 이즈 그래티파이드 위드 허ㄹ 프레즌트 허즈번드
  그녀는 지금 남편에게 만족하고 있습니다.

- **He wasn't satisfied with his score.**
  히 워즌트 쌔리스퐈이드 위드 히즈 스코어ㄹ
  그는 성적에 만족하지 못했습니다.

be gratified with ~는 매우「만족하다, 기뻐하다」는 의미로 비교적 형식적인 표현입니다. be satisfied with ~는「만족하고 있다」라는 느낌으로 소망이 이루어져서 만족하다는 사실을 강조하는 표현입니다.

Column

제스처

영미인, 캐나다인 또는 호주인 등 영어를 모국어(mother tongue)로 하는 사람들은 말과 제스처를 병행합니다. 감정 표현을 풍부히 해서 보다 깊은 의사소통을 해봅시다.

만족

(1) 손을 비빈다.
- rubbing one's hands (together)

손을 비비는 것은 만족 또는 승리를 나타냅니다.

(2) 엄지손가락을 세운다.
- putting one's thumbs up

원래는 「기운내, 잘해, 비관하지 마」라는 제스처였지만 지금은 「O.K!」를 의미하게 되었습니다. 반대로 「불만족, 거부, 금지」를 의미하는 경우에는 엄지손가락을 아래로 향합니다. (putting one's thumbs down)

(3) 엄지와 검지로 원을 만든다.
- forming a circle with thumb and finger

「완벽!」을 나타냅니다. 이것은 원이 완전(perfect)을 의미하는 데서 왔습니다.

26 감동을 나타낼 때

Good job!
굿 잡

칭찬은 아무리 해도 지나치지 않습니다. 상대방의 좋은 점에 대해서 칭찬을 해 준다면 부드러운 대인관계를 유지할 수 있습니다. 다만, 지나치게 치켜세우는 것은 금물이며, 칭찬할 때는 Good for you!(잘 됐군요!) / Wonderful!(훌륭해요!) 등처럼 우리말보다는 조금 풍부하게 하는 것이 좋습니다. 만약 칭찬을 받았다면 Oh, you flatter me.(오, 과찬이십니다.)라고 하면 됩니다.

Basic Expressions

◆ 멋지네요!

Wonderful!
원더ㄹ풸

◆ 와, 정말 아름답네요!

Wow, beautiful!
와우　　　뷰-터풸

◆ 잘했어요!

Good job!
굿 잡

◆ 엄청나네요!

That's really super!
댓츠 뤼얼리 수퍼ㄹ

◆ 정말 훌륭하군요!

How marvelous!
하우 마ㄹ블러스

◆ 정말 큰일을 해내셨군요!

You've come a long way!
유브 컴 어 롱- 웨이

◆ 정말 근사한데요!

It's a real beauty!
잇츠 어 뤼얼 뷰리

~에 감동을 받다

be impressed with[by] ~

- **I was greatly impressed with the fire baller.**
  아이 워즈 그뤠잇리 임프레스트 위더 퐈이어ㄹ 볼러ㄹ
  저 속구 투수의 투구에 매우 감동했습니다.

be impressed with[by] ~는 「~에 감동·감명을 받다」라는 의미로 자주 사용되는 표현입니다. impress는 사람과 사물이 항상 강렬하게 마음에 남아 있어서 인상 또는 감동을 준다는 것입니다. 수동태로 표현할 때가 많고 보통 「좋은 인상」을 받은 경우에 사용합니다. 매우 좋은 인상을 받았을 때는 be favorably impressed ~, 나쁜 인상을 받았을 때는 be unfavorably impressed ~를 씁니다. 구어에서는 get to를 즐겨 씁니다.

- **This play really gets to you.**
  이 연극에 정말 감동할 거예요.

~에 동정하다

be moved ~

- **She seemed to be moved with compassion at the sight.**
  쉬 씸드 투 비 무브드 위드 컴패션 앳 더 싸이트
  그 광경을 보고 그녀는 동정을 느끼는 것 같았습니다.

be moved ~는「감동하다, 동정하다, 마음이 움직이다」라는 표현입니다. 글자대로 마음이 움직인다는(move) 넓은 의미로 쓰입니다. 단지 I was moved.라고 하지 않고 뒤에 반드시「~에」라는 감동의 대상이 옵니다.

~에 감동하다

be touched ~

- I was deeply touched with the love story.
  아이 워즈 디플리 터치드 위더 러브 스토리
  그 러브스토리에 매우 감동했습니다.

be touched ~는 「마음이 움직이다, 감동하다」의 의미입니다. 특히 「감동하다, 가슴이 뭉클하다」라는 경우에 자주 쓰입니다. 글자대로 가슴에 와 닿는다는 것입니다. 위의 be moved ~와는 달리 같은 감동이라도 마음에 가득 차 있는 것 같은 고요한 감동인 경우에 사용합니다.

 행운

(1) 손가락을 교차한다.
- having one's fingers crossed

양손의 인지와 가운데 손가락을 교차합니다. 원래는 재난을 피하고자 하는 주문이었으나 아이들이 장난을 할 때에 손이 상대에게 보이지 않도록 숨기고 등 뒤에서 이런 장난을 자주 합니다. 한 손으로 이런 표현을 하는 것도 신에게 기원한다는 의미를 나타냅니다.

(2) 나무 제품을 두드린다.
- knocking on wood

가볍게 쥔 인지 손가락으로 테이블 등의 나무 제품을 가볍게 두드리는 제스처입니다. 이것은 화를 피할 수 있다는 예부터의 미신에 기초한 것입니다.

27 도움이나 부탁을 청할 때

Will you give me a hand?
윌 유 깁미 어 핸드

No problem.
노우 프라블럼

「~해주시겠습니까?」라는 부탁의 표현을 정중한 순서로 써보면, Please help me, Will you help me?, Would you help me?, Would you please help me?, Would you mind helping me?입니다. 적절한 표현을 상황과 대상에 맞게 구별해서 사용하도록 합시다. 상대의 부탁을 거절할 때는 퉁명스럽지 않도록 I'm sorry.를 붙이는 것이 좋습니다.

Basic Expressions

♦ 실례합니다. 부탁 하나 들어 주시겠어요?

Excuse me. Would you do me a favor?
익스큐즈 미   우쥬 두 미 어 풰이버ㄹ

♦ 물론이죠.

Sure.
슈어ㄹ

♦ 기꺼이 그러죠.

I'd be glad to.
아이드 비 글랫 투

♦ 좀 도와주시겠어요?

Could you lend me a hand?
쿠쥬 렌 미 어 핸ㄷ

♦ 도와 드릴까요?

May I help you?
메아이 헬퓨

♦ 네, 기꺼이 도와 드리겠습니다.

Yes, with pleasure.
예스   위드 플레져ㄹ

♦ 고맙지만 괜찮습니다. 제가 할 수 있습니다.

No, thank you. I can handle it.
노우   쌩큐   아이 캔 핸들 잇

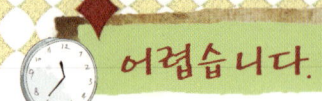
어렵습니다.

be in trouble

A : I'm in trouble. 골치 아픈 일이 있어요.
　　아임 인 트러블

B : What's wrong with you? 무슨 일이죠?
　　왓츠 뤙 위듀

---

be in trouble은「문제·곤란한 일에 빠지다」라는 의미입니다. 원인을 첨가하는 경우에는 with를 붙입니다.

- **They are in trouble with the noise.**
  그들은 소음에 곤란을 겪고 있다.

또한 problem을 이용한 곤란할 때의 표현을 몇 가지 알아둡시다.

- **There is a problem.**　　어려운 일이 있습니다.
- **I have a problem.**　　어려운 일이 있습니다.

There is a ~.와 I have a ~.는 거의 같은 의미로 사용할 수 있지만, There is a ~.가 거리를 두고 있는 느낌이 있습니다. trouble만큼 크지 않은 어려운 점이 있는 경우에는 다음과 같이 말할 수도 있습니다.

- **I have something to ask of you.**　　부탁할 게 있어요.

도와주시겠습니까?

Will you help me?

A : Will you give me a hand?
윌 유 깁 미 어 핸드
도와주지 않겠습니까?

B : No problem.
노우 프라블럼
좋아요.

hand에는 「도움의 손」이라는 의미가 있으므로 lend a hand라고도 할 수 있습니다. 또한 help나 favor를 사용한 표현도 알아둡시다.

- Will you help me?
  도와주시겠습니까?
- May I ask a favor of you?
  부탁이 있습니다.
- Will you do me a favor just this once?
  이번 한 번만 도와주시지 않겠습니까?

부탁드리겠습니다.

I'm begging you.

A : Anyhow, this schedule is impossible.
애니하우 디스 스케줄 이즈 임파서블
이 계획은 도저히 불가능합니다.

B : Don't say that. I'm begging you.
돈 쎄이 댓 아임 베깅 유
그런 말씀 마세요. 부탁하겠습니다.

beg는 「빌다」라는 의미입니다. I beg you.라고도 할 수 있지만 현재진행형을 쓰는 것이 보다 생생한 느낌이 있습니다. 부탁하는 표현의 예를 몇 개 들어봅시다.

· I hope you can do something to help me out.
당신이 도와주시길 바랍니다.

· I'm sorry to trouble you.
폐를 끼쳐서 죄송합니다.

기쁨을 나타내는 행동

영화 등의 기뻐하고 있는 장면에서는 영어권 특유의 행동을 볼 수 있습니다. 여기에서는 그 중 몇 가지를 열거해 봅시다.

(1) 발을 구른다. - stamping one's feet

수업이 자습으로 되어서 학생들 전원이 발을 구르는 장면을 때때로 볼 수 있습니다.

(2) 모자를 벗어 위로 던진다. - throwing up one's hat

우리나라 일부 대학의 졸업식에서도 이것이 예식으로 되어 있습니다.

웃음 표현의 종류

영어의「웃다」는 크게 나누어 두 가지가 있습니다. 하나는 laugh 인데 소리를 내서 유쾌하게 웃는 것입니다. 또 하나는 소리를 내지 않는 미소 smile입니다. 이 두 가지의 사용이 한국인은 혼동하기 쉽습니다. We laughed at him.은「그를 조소[냉소]했다.」라는 반대의 의미를 나타내게 되어 당사자를 분개시킵니다. 한편 We laughed at your joke.라고 하면「당신의 조크는 웃긴다.」라는 의미로 조크가 재미있었다는 의미가 됩니다.

또한 She smiled at me.는 호의의 미소를 했다는 의미로도, 냉소했다는 의미로도 됩니다. 이것은 문장의 전후 관계로 판단해야 합니다.

근심이나 걱정을 나타낼 때

I have a tight schedule.
아이 해버 타잇 스케줄

That's too bad.
댓츠 투- 배드

외국인이든 내국인이든 상대방에 대한 근심과 걱정을 이해하고 격려해 줄 수 있는 마음이 있어야 보다 깊이 있는 교제를 할 수 있습니다. 상대방에게 뭔가를 걱정하고 있을 때 What's your worry?(무슨 일로 걱정하세요?)라고 물으면 자신에게 관심을 가져준 것에 대해 고맙게 여길 것입니다. 여기에 덧붙여 상대방을 위해서 Don't worry.(걱정하지 마세요.)라고 격려를 해 준다면 보다 친분이 돈독해질 수 있습니다.

Basic Expressions

◆ 무슨 일이지요?

What's the matter with you?
왓츠 더 매러ㄹ 위듀

◆ 뭐 잘못됐나요?

Is anything wrong?
이즈 에니씽 륑

◆ 무슨 일로 걱정하세요?

What's your worry?
왓츠 유어ㄹ 워리

◆ 집에 무슨 일 있으세요?

Do you have any trouble at home?
두 유 해브 애니 트러블 앳 호움

◆ 저는 이제 어떡하죠?

What shall I do now?
왓 쉘 아이 두 나우

◆ 걱정하지 마세요.

Don't worry.
돈 워리

◆ 너무 걱정 마세요. 다 잘 될 거예요.

Don't worry so. Everything will be all right.
돈 워리 쏘   에브리씽 윌 비 올 롸잇

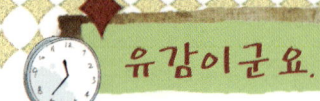
유감이군요.

That's too bad.

A : I have a tight schedule.
아이 해버 타잇 스케줄

일정이 빡빡해요.

B : That's too bad.
댓츠 투- 배드

안됐군요.

bad에는 여러 가지 의미가 있지만 「안타깝게 생각하다, 유감스럽게 생각하다」로도 자주 사용되고 있습니다. 이런 경우에는 feel ~ about이라는 용법으로 자주 쓰입니다.

· I feel bad about your failure.
　당신의 실패를 안타깝게 생각해요.

bad 외에 sorry도 자주 사용됩니다. 이 경우에는 for나 to부정사, that을 수반하는 용법으로 쓰입니다.

· I'm sorry about[for] it.
　그건 유감스럽군요.

· I'm sorry to leave my dog.
　개를 두고 떠나는 것이 유감입니다.

· I'm sorry (that) I haven't been available.
　도움이 되지 못해서 유감입니다.

걱정 말아요.

Don't worry.

- Don't worry. Everything is fine.
  돈 워리   에브리씽 이즈 퐈인
  걱정 말아요. 잘 될 거예요.

- There is nothing to worry about.
  데어ㄹ 이즈 낫씽 투 워리 어바웃
  걱정할 것 없어요.

- I'm worried just about your health.
  아임 워리드 저스트 어바웃 유어ㄹ 헬스
  당신의 건강만이 걱정이에요.

이와 같이 「걱정, 불안」의 대표적인 표현이 worry입니다. 자동사, 타동사로도 쓰이지만 상태를 나타내는 경우에는 be worried 를 씁니다. 이외에 「걱정, 불안」을 나타내는 말에 concerned, anxious 등이 있습니다.

- I'm very concerned for the job interview.
  취직 면접시험이 매우 걱정입니다.

- I'm anxious about the result of the exam.
  시험 결과가 걱정입니다.

매우 섭섭하게 되었군요.

I'll miss you very much.

A : I'm leaving tonight.
아임 리빙 터나잇
오늘 밤에 떠나게 되었어요.

B : Oh, I'll miss you very much.
오우   아윌 미스 유 베리 머치
매우 섭섭하게 되었군요.

miss는 타동사「~가 없어서 섭섭하게 생각하다」라는 의미에서「쓸쓸하게 되다」라는 표현으로 자주 사용됩니다.

· I'll miss you when you are gone.
당신이 가버리면 보고 싶어질 거에요.

· I'm gonna[going to] miss you.
당신이 그리워질 거에요.

· I missed you today.
오늘은 당신이 없어서 섭섭했어요.

· I'm sorry I missed you.
당신이 없어서 섭섭했어요.

이 miss에는 '뭔가가 없어졌음을 알아채다'라는 의미도 있습니다.

· I missed a book from the library.
도서관에서 책 한 권이 없어진 것을 알았다.

표정을 나타내는 표현

우리말에「얼굴을 찌푸리다, 오만상을 찌푸리다」라는 감정을 나타내는 표정 표현이 있는 것처럼 영어에도 이와 유사한 표현이 있습니다.

(1) 실망·절망 표정
- drawing a long face 또는 pulling a long face

직역하면「얼굴을 쭉 늘이다」이지만 영어에서는 이것이「실망, 절망, 우울한 얼굴」을 의미합니다. 이것은 풀이 죽으면 입 양쪽과 눈이 처져서 길게 보인다고 하는 데서 나온 표현입니다.

(2) 우울한 얼굴 - look blue

blue에는「우울, 비관, 음울」이라는 이미지가 있으며, look blue에는「몸이 좋지 않은」이라는 의미도 있습니다.

(3) 얼굴이 붉어지다 - become[turn] red

화가 났을 때 창피를 당했을 때 얼굴이 붉어지는 것은 우리나라도 같습니다.

(4) 눈썹을 찡그리다 - knit one's brows

우리말에도 비슷한 표현이 있습니다. 상대를 경멸한다는 의미로 눈썹을 찌푸리는 경우에는 raise one's brows라고 합니다. 이것은 화가 나면 눈썹이 한자 팔자 모양(八)으로 되는 것에서 나온 말입니다.

29 맞장구에 관한 표현

You know what? Brad Pitt is coming to Korea next month.
유 노우 왓 브래드 핏 이즈 커밍 투 커리-어 넥숫 먼쓰

Really?
뤼얼리

상대방과의 대화를 부드럽고 유창하게 이끌어가기 위해서는 상대의 말에 호흡을 맞추면서 적절하게 맞장구를 쳐주어야 합니다. 상대의 말에 긍정적으로 맞장구칠 때는 That's right.(맞습니다.) / Sure.(물론이죠.) 등으로, 부정하고 싶은 때는 I don't think so.(나는 그렇게 생각하지 않아요.) / It's not true.(그건 사실이 아닙니다.) 등으로 표현합니다. 맞장구 하나에도 각각 미묘한 뉘앙스 차이가 있습니다. Oh!나 Yes!만으로는 회화의 리듬이 살아나지 않으므로 다양한 맞장구로 생동감 있는 회화를 해봅시다.

Basic Expressions

♦ 맞아요.

Right.
롸잇

♦ 바로 그겁니다.

That's it.
댓츠 잇

♦ 물론이죠.

Of course.
어브 코-르스

♦ 틀림없어.

Sure.
슈어ㄹ

♦ 그거 좋군요.

That's good.
댓츠 굿

♦ 저도 역시 그렇게 생각합니다.

Yes, I think so too.
예스 아이 씽 쏘 투

♦ 그럴 리가요!

You don't say so!
유 돈 쎄이 쏘

 맞장구

Right. / All right. / Uh-huh.

A : I've got something to tell you.
아이브 갓 썸씽 투 텔 유
말할 게 있어요.

B : Is it good news or something?
이즈 잇 굿 뉴-즈 오-ㄹ 썸씽
무슨 좋은 소식 있어요?

A : Well, listen. I told you I saw this fabulous looking lady in a train the other day, right?
웰 리슨   아이 톨쥬 아이 쏘우 디스 패뷸러스 루킹 레이디 인 어 트뤠인 디 어더ㄹ 데이 롸잇
내가 열차안에서 언젠가 멋진 여자를 봤다고 했죠?

B : Right.
롸잇
그래요.

A : I met her this morning again.
아이 멧 허ㄹ 디스 모-ㄹ닝 어겐
오늘 아침에 또 만났어요.

B : Uh-huh. Go on?
어 허   고우 안
그래요. 그래서요?

A : That's it.
댓츠 잇
그것뿐이에요.

B : Well, what's the point of your story, then?
웰 왓츠 더 포인트 어브 유어ㄹ 스토리 덴
그럼 말하는 이야기의 핵심이 뭐죠?

맞장구는 「(상대의 이야기를) 잘 듣고 있어요.」라는 의사표시입니다. Right. / All right. / Uh-huh. 등은 찬성·반대와 관련 없는 맞장구입니다.

우리말로 하면 「그래 / 맞아 / 음」 등에 해당하는 것입니다. Uh-huh!는 격의 없는 회화에 이용되고 말끝을 올려서 발음합니다. 말끝을 내려서 발음하면 「동의하지 않는다」라는 의미인 「Uh-huh」로 되어 버리므로 주의해야 합니다.

Go on.은 계속하라는 의미로 「그래서?」라고 말하기를 재촉하는 표현입니다. And then? / Then what? 등도 「그래서?」라는 의미로 사용됩니다.

So what?이라는 표현도 있습니다. 이것은 「그래서 어떻게 됐어?」라는 의미이므로 주의해야 합니다.

 멋지다!

Sounds great!

A : I'm going to go to London on a business trip next week.
아임 고우잉 투 고우 투 런던 안 어 비즈니즈 트륍 넥슷 위-ㅋ
다음 주에 런던으로 출장 갈 계획입니다.

B : Sounds great! I'm sure it's gonna be a great experience for you.
싸운즈 그뤠잇 아임 슈어ㄹ 잇츠 거너 비 어 그뤠잇 익스피어뤼언스
멋지겠군요! 틀림없이 좋은 경험이 될 거예요.

「멋지다!」라는 맞장구에는 이외에도 Wonderful! / Fantastic!/ Fabulous!/ Beautiful!/ Excellent. / Nice! / Good! 등 많이 있습니다. Great!도 격의 없는 대화에서 많이 쓰이고 예문과 같이 Sounds great!이나 That[It] sounds great!으로 자주 씁니다.

이 sounds는 귀로 정보를 들었을 때의 맞장구로 사용하며, 눈으로 본 경우에는 looks를 씁니다.

설마

Unbelievable!

A : Guess what? I won a hundred thousand dollars yesterday in the lotto.
게스 왓   아이 원 어 헌드뤠드 싸우전드 달러스 예스터ㄹ데이 인 더 라토우
들어봐요. 복권에서 10만 달러에 당첨됐어요.

B : You're kidding. As far as I know, you never won a dollar in horse racing.
유어ㄹ 키딩   애즈 퐈ㄹ 애즈 아이 노우 유 네버ㄹ 원 어 달러 인 호-ㄹ스 뤠이싱
설마요. 경마에서 지금까지 한 번도 이긴 적이 없었잖아요.

A : I guess the Goddess of Luck finally helped me because I had been so miserable.
아이 게스 더 가디스 어ㅂ 럭 퐈이널리 헬프트 미 비코-즈 아이 해드 빈 쏘 미저러블
내가 불쌍해 보였던지 행운의 여신이 도와준 것 같아요.

B : What a lucky boy!
왓 어 럭키 보이
운이 좋군요!

「설마!」라는 맞장구에는 이외에 Incredible! / Unbelievable! 등이 있습니다.

A : Listen! I got A on English.
　　　들어봐요. 영어에서 A를 받았어요.

B : Unbelievable!
　　　설마!

A : Yes, indeed.
　　　나도 믿기지 않아요!

이외에 「농담이죠. 놀리지 말아요.」라는 뉘앙스가 강한 맞장구 표현으로는 Are you kidding? 「농담이죠, 놀리지 말아요.」 / No kidding? 「농담이죠.」 / Oh, rubbish. 「어처구니 없군요.」 / Give me a break. 「그만해 줘.」 등이 있습니다.

정말이에요?

Really?

A : You know what? Brad Pitt is coming to Korea next month.
유 노우 왓   브래드 핏 이즈 커밍 투 커리-어 넥슷 먼쓰
저 있잖아요. 브래드 피트가 다음 달 한국에 온다고 해요.

B : You mean the famous actor? Really?
유 민 더 풰이머스 액터ㄹ   뤼얼리
그 유명한 배우를 말하는 거예요? 정말이에요?

A : Yeah. I read an article this morning saying that he's visiting Korea for the campaign of his new film.
야-   아이 뤼-드 언 아-ㄹ티클 디스 모-ㄹ닝 쎄잉 댓 히즈
븨지팅 커리-어 풔-ㄹ 더 캠페인 어ㅂ 히즈 뉴- 퓔름
그래요. 오늘 아침 신문에서 새 영화 홍보차 온다는 기사를 읽었어요.

B : Is that so?
이즈 댓 쏘
그래요?

매우 놀랐을 때의 표현으로는 My goodness! / My god! / Oh, boy! / Oh, dear! / Gee! / Oh, Christ! 등이 있습니다.

전화에서의 맞장구

Yes. / Uh-huh. / Yeah.

A : George here.
조-ㄹ지 히어ㄹ
조지입니다.

B : Hi, it's me. I have something very, very important to tell you. George? Are you there?
하이 잇츠 미   아이 해브 썸씽 붸리 붸리 임포-ㄹ턴 투 텔 유
조-ㄹ지   아-ㄹ 유 데어ㄹ
나야. 중요한 말할게 있어. 조지? 듣고 있니?

A : Yeah, go on.
야 고우 안
그래. 말해봐.

B : Do you have time to have lunch with me today?
두 유 해브 타임 투 해브 런치 윗미 터데이
오늘 점심 같이 할 시간 있어?

A : Sure. Why not?
슈어ㄹ   와이 낫
그럼. 좋아.

B : I can't hear you clearly, George.
아이 캔ㅌ 히어ㄹ 유 클리얼리 조-ㄹ지
잘 들리지 않아. 조지.

A : I said sure.
아이 쎄ㄷ 슈어ㄹ
좋다고 했어.

전화 회화의 맞장구도 기본적으로는 일반 회화와 같지만 빈번히 사용되는 표현이 있습니다. 우리말의 「응응, 그래그래」 등의 맞장구는 영어에서도 많이 쓰입니다.

영어에서는 Yes. / Uh-huh. / Yeah. 등을 자주 씁니다.

상대방이 말하고 있는 것을 들을 수 있을 때의 I can hear you. 「잘 들립니다.」, 들을 수 없을 경우의 I can't hear you. 「들리지 않습니다.」는 전화 회화의 상용문구입니다.

30 빈도에 관한 표현

I will never forget you.
아윌 네버ㄹ 풔게츄

항상(always), 보통(usually), 종종(often), 가끔(sometimes), 좀처럼 ~않다(seldom, rarely), 결코 ~않다(never) 등 빈도를 나타내는 말은 많이 있습니다. 이 한 마디를 잘못해도 큰 오해를 일으킬 수 있습니다. 여기에서 확실하게 정리하여 대화할 때 유용하게 활용해 봅시다.

Basic Expressions

◆ 전혀 들어본 적이 없습니다.

I've never heard of it.
아이브 네버ㄹ 허-ㄹ드 어브 잇

◆ 절대 안 돼!

That will never happen!
댓 윌 네버ㄹ 해펀

◆ 거의 늦은 적이 없습니다.

My watch hardly ever runs down.
마이 와취 하-ㄹ들리 에버ㄹ 런스 다운

◆ 미국사람과 대화할 기회가 거의 없습니다.

I rarely have any opportunity to speak to American people.
아이 레얼리 해브 에니 아퍼ㄹ추-너티 투 스픽 투 어메리컨 피플

◆ 일기예보에서는 가끔 흐리지만 맑겠다고 합니다.

The forecast says it'll be fair but occasionally cloudy.
더 포-ㄹ캐스트 세즈 잇윌 비 풰어ㄹ 벗 어케이저늘리 클라우디

◆ 늦잠을 자서 가끔 아침을 거릅니다.

I sometimes skip breakfast when I get up late.
아이 썸타임즈 스킵 브렉퍼스트 웬 아이 겟 업 레이트

◆ 항상 이렇게 일찍 점심을 드세요?

Do you usually have lunch this early?
두 유 유-주얼리 해브 런치 디스 얼-리

절대로 아니다

never

- I will never forget you.
  아월 네버ㄹ 풔게츄
  결코 당신을 잊지 않겠다.

never는 단어 자체에 부정의 의미가 있고「지금까지도 ~아니고, 앞으로도 ~아니다」라는 뉘앙스가 있습니다. 따라서 단기간의 행위를 말할 때는 never를 사용하는 것은 부자연스럽습니다. 이런 경우에는 not을 사용합니다.

- I haven't heard from her recently.
  요즘 그녀에게서 소식이 전혀 없다.
  (I've never heard from her recently.라고는 하지 않는다.)

거의 아니다

almost never / hardly (ever) / scarcely (ever)

- He almost never complains.
  히 올-모우스트 네버ㄹ 컴플레인즈
  그는 불평을 거의 하지 않는다. (지금까지 말한 적도 그다지 없고 이제부터도 그다지 하지 않을 것이다.)

- **My aunt hardly ever attends parties.**
  마이 앤ㅌ 하-ㄹ들리 에버ㄹ 어텐즈 파-ㄹ티즈
  숙모는 파티에 거의 가지 않는다.

- **There is scarcely enough instant coffee left for one cup.**
  데어ㄹ 이즈 스케어ㄹ슬리 이너ㅍ 인스턴ㅌ 코-퓌 레프트 풔- 원 컵
  한 잔의 인스턴트커피도 남아 있지 않다.

never와 같이 hardly나 scarcely에도 단어 자체에 부정의 의미가 포함되어 있습니다. 그러므로 not을 사용해서 부정형으로 할 필요는 없습니다. 이 3가지는 모두 같은 의미이므로 첫 번째 예문의 almost never를 scarcely ever로 바꾸어도 나타내는「빈도」는 변하지 않습니다.

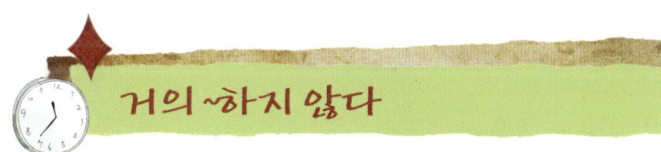

거의 ~하지 않다

rarely / seldom

- **He rarely goes to school.**
  히 레얼리 고우즈 투 스쿨-
  그는 학교에 거의 가지 않는다.

- **I am seldom ill.[I am rarely ill.]**
  아이 앰 쎌덤 일 [아이 앰 레얼리 일]
  나는 병에 거의 걸리지 않는다.

rarely, seldom은 모두 부정의 의미가 있는 부사입니다. 또한 서로 바꾸어 쓸 수 있습니다. seldom의 용법에는 다음과 같은 것도 있습니다.

- **She does not seldom walk to school.**
  그녀는 자주 걸어서 학교에 간다. (not seldom = often)
- **My brother seldom, if ever, reads the newspaper.**
  동생은 신문을 거의 읽지 않는다.
  (seldom, if ever는 「간혹 있다고는 해도 거의 ~하지 않는다」라는 의미)

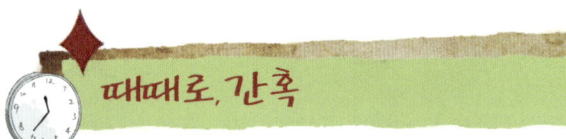

때때로, 간혹

occasionally

- **My boyfriend occasionally writes to me.**
  마이 보이프렌드 어케이저늘리 라이츠 투 미
  남자친구가 간혹 편지를 보내옵니다.

명사 occasion은 원래 「(특수한) 경우」의 의미인데 「특별한 일이 일어나는 경우[때]」라는 의미로도 쓰입니다. 부사인 occasionally에도 물론 이런 뉘앙스가 있어서 「때때로, 이따금」정도의 빈도를 나타냅니다.

occasionally는 단어 자체에 부정의 의미가 포함되어 있지 않습니다.

때때로, 때로는

sometimes

- I can sometimes jump over it.
  아이 캔 썸타임즈 점프 오우버ㄹ 잇
  그것을 넘어 뛸 때도 있다.

occasionally가「때때로, 이따금」이라는 뉘앙스가 있는데 비해서 sometimes는 단순히「~할 수도 있고, 하지 않을 수도 있다」정도의 빈도를 나타냅니다.

자주

frequently / often

- I frequently go to that restaurant for lunch.
  아이 프뤼-퀀틀리 고우 투 댓 뤠스터런ㅌ 풔- 런치
  나는 그 레스토랑에 자주 점심을 먹으러 간다.

- I write to him very often.
  아이 롸잇투 힘 붸리 오-풴
  나는 그에게 편지를 자주 쓴다.

frequently와 often은 서로 바꾸어 쓸 수 있고 모두 단어 자체에 부정의 의미는 없습니다. 복수형의 명사를 주어로 취해서「~인 사람[사물, 것]도 많이 있다」도 될 수 있습니다.

- Children frequently[often] dislike carrot.
  아이들은 당근을 싫어하는 일이 많다.

거의 항상

almost always

- He almost always goes to church on Sundays.
  히 올-모우스트 올-웨이즈 고우즈 투 처-ㄹ치 안 썬데이즈
  그는 일요일은 거의 항상 교회에 간다.

almost always는「거의 언제나」라는 의미이고 almost를 about 으로 바꾸어 쓸 수 있습니다.
almost를 부정 문장에 사용하면 hardly의 뉘앙스와 같게 됩니다.

- He said almost nothing. / He said hardly anything.
  그는 아무 말도 거의 하지 않았다.

이외에도 almost nobody = hardly anybody 또는 almost no money = hardly any money로 바꿀 수 있습니다.

보통

usually / normally / generally

- **They usually play baseball after school.**
  데이 유-주얼리 플레이 베이스볼- 애프터r 스쿠-
  그들은 보통 방과 후에 야구를 한다.

- **Normally, cranes live in cold countries.**
  노-r멀리 크뤠인스 리브 인 코울드 컨트리스
  보통, 학은 추운 곳에 서식한다.

- **Generally, pitchers are not good batters.**
  제너럴리 피처r스 아-r 낫 굿 배터r스
  일반적으로, 투수는 타격이 좋지 않다.

---

usually는「보통」이라는 의미의 대표적인 부사입니다. normally는「정상적인 상태에서는 보통」, generally는「세상에 일반적으로 널리 알려져 있는 바로는 보통」이라는 뉘앙스가 있습니다. usually나 generally는 복수형의 명사를 주어로 쓸 때「대개 ~이다[한다]」라는 표현을 할 수도 있습니다.

- **Children usually[generally] like chocolate.**
  아이들은 보통 초콜릿을 좋아한다.

항상, 반드시

always / ever

- **He is always busy.**
  히 이즈 올-웨이즈 비지
  그는 항상 바쁘다.

always는 빈도 100%일 때 사용합니다. always의 사용 예를 들어봅시다.

(1) 진행형을 취해서「항상 ~하고만 있다」

- **You are always asking for vacation.**
  당신은 항상 휴가만 요구하고 있다.

(2) 부정문에서「항상 ~일 리는 없다」〈부분 부정〉

- **He is not always honest.**
  그는 항상 정직하지는 않다. (not은 약하게, always는 강하게 발음합니다.)

(3) 복수형 명사를 취해서「모두 ~이다[한다]」

- **Boys always want to play baseball after school.**
  남학생들은 모두 방과 후에 야구를 하고 싶어 한다.